INHOUD

Passie, liefde voor het vak, gedrevenheid en geduld; dat zijn de ingrediënten van Breda Kookt.

Breda kent vele enthousiaste ondernemers die op hoog niveau bezig zijn met eten en drinken. Doordat ze allemaal hun eigen passie toevoegen, maken ze culinair Breda tot wat het is: een rijkgeschakeerde verzameling culinaire trefpunten, die ambachtelijkheid en persoonlijke aandacht als gemeenschappelijke factor hebben, maar verder op hun eigen manier bijdragen aan de diversiteit. Koken in Breda – en vooral: eten en drinken in Breda – is daardoor een gevarieerd genoegen.

Wie wil weten hoe het gesteld is met de stand van zaken in Breda op het gebied van wijn en spijs, kan niet om dit boek heen. Wie op zoek is naar tips en trucs uit de Bredase keuken al evenmin. Breda Kookt is het verslag van een speurtocht naar de tongstrelende geheimen van de stad.

De culinaire ondernemers uit Breda blijven zich ontwikkelen, zonder de aandacht voor puurheid en eerlijkheid uit het oog te verliezen. En ze ontvangen u graag om dat te bewijzen. Daarom is Breda Kookt vooral een eerbetoon aan hen – en aan uw smaakpapillen.

Lieske Vos, Vinoloog

TS
GROEN - WONEN

Anggrek TS en RAW Interiors

Twee persoonlijkheden komen samen in een nieuw winkelconcept

Heldere en verrassende ontwerpen voor je binnen- en buitenomgeving met gebruikmaking van de kracht van natuurlijke materialen in sterke composities. Een eenvoudige plant wordt dan een solitair en spraakmakend object. Een balans tussen ruimtelijk gebruik, emotie en persoonlijke stijl.

Sander de Weijer en Toine Michielsen zijn de eigenaren van ANGGREK TS en RAW Interiors. Met bloemen en planten kun je zo veel meer doen. "Wij gebruiken pure en natuurlijke materialen met een geheel andere visie. Kijk maar eens op onze site tsbreda.com of raw-interiors.com. Dan zie je gelijk wat we bedoelen." De bloemenzaak aan het Graaf Hendrik III Plein valt dan ook direct op in stijl. Grote statige olijvenbomen verwelkomen je en schitterende monumentale potten en vazen strelen je netvliezen, een oase en een begrip in de Bredase stad. Nu alweer meer dan 10 jaar en sinds 2006 is een tweede en een derde winkel in 's-Hertogenbosch geopend RAW Interiors.

"We kunnen en willen niet stil zitten. Er bruisen nog zoveel ideeën bij ons dat een uitbreiding een logische stap was. De vraag naar uitzonderlijke stijl is groot en daar willen we graag een antwoord opgeven."

SMAAK

Over smaak valt niet te twisten maar in stijl kan ANGGREK TS en RAW Interiors veel betekenen. "Een ruimte of het nu binnen of buiten is heeft een eigen karakter. Deze moet je respecteren en aanvullen met een accent." Sander en Toine gebruiken het pure materiaal. "Een plant of een mooi meubel wordt dan meer dan alleen een gevulde plek, zij brengt emotie en laat de ruimte leven en ademen. Dat geeft rust en harmonie en transformeert de ruimte tot een plek met karakter en stijl."

Juist voor bedrijven kan ANGGREK TS en RAW Interiors een bijzonder entree verzorgen. "En die begint al op straat," zegt Sander enthousiast."Als je ruimtegebruik goed doorvoert dan schep je al

ANGGREK TS

Graaf Hendrik III Plein 21-25

4819 CJ Breda, (076) 515 59 68

Openingstijden: di t/m vr 10.00 tot 18.00 uur;

za 10.00 tot 16.00 uur

raw-interiors.nl

tsbreda.com

zie pag. 141 voor meer adressen

Aardbeien en biscotti

200 gr aardbeien
8 biscotti (Italiaanse lange vingers)
4 eetl Turkse yoghurt
60 gr slagroom
3 eetl amandelen
3 eetl suiker
100 ml Limoncello
2 eetl poedersuiker
2 eetl spumante

1 Caramelliseer de suiker samen met de noten lichtbruin.
2 Leg ze direct op bakpapier om af te koelen.
3 Hak de afgekoelde noten fijn en meng met de geklopte slagroom en de yoghurt.
4 Maak 4 aardbeien en 2 eetl poedersuiker met 2 eetl spumante fijn met de staafmixer.
5 Leg op een bordje wat crème en daarop de in likeur geweekte biscotti.
6 Leg er plakjes aardbei op, weer wat crème en weer aardbeien.
7 Geef met de saus.

Wijnsuggestie: een heerlijke licht-alcoholische Moscato d'Asti uit het Piëmonte gebied.

vertrouwen op het moment dat iemand bij je binnenkomt. Je kunt daar direct je persoonlijkheid van je bedrijf neerleggen."

THUIS OP DE BANK

Sander en Toine zijn thuis in banken. "Wij voeren meubelen van onder meer Frigerio, Meridiani en Living Divani, merken waarmee wij ons kunnen profileren." Mooie verlichting brengen zij ook, namen als Modular Lighting, Brand van Egmond en Dovalli staan voor een geheel andere kijk op licht gebruik. "We adviseren in totaalconcepten, van kleur- en lichtgebruik tot totale inrichting maar ook alleen voor een enkel object." RAW interiors en ANGGREK TS zijn bijzondere winkels die met hun planten, objecten en meubelen een eigentijdse atmosfeer creëren, gecombineerd met comfortabel wonen.

THUIS DINEREN

"Uiteraard zijn we gek op lekker eten, thuis je vrienden ontvangen in de juiste sfeer." Een mooi bloemstuk om de tafel te verfraaien hoort daar gewoon bij. Sander maakt daar iets bijzonders van, zodat het een persoonlijk boeket wordt. "Als je bij iemand bent uitgenodigd dan wil je toch graag iets bijzonders terug doen, een bloemstuk met een eigen karakter afgestemd op de persoon zie ik als een uitdaging." Een bloemetje wordt dan toch zo veel meer.

Risotto met artisjok

400 gr rijst
4 artisjokken
1 sjalot, gesnipperd
1 knoflookteen, gehakt
250 ml witte wijn
1,8 ltr groentebouillon, aan de kook gebracht
2 eetl boter
4 eetl olijfolie
4 eetl parmezaanse kaas, geschaafd
olijfolie om te frituren

Wijnsuggestie: Italiaanse Pinot Grigio, jeugdige witte Graves of Sémillon, witte Languedoc of witte Côtes du Rhône.

1 Verwijder van de artisjokken de steel en snij de bladeren weg, verwijder het hooi van de bodem. Snijd de helft in zeer dunne plakjes, de andere helft in fijne blokjes.
2 Frituur de dunne plakjes tot chips in olijfolie.
3 Bak in een pan in 4 eetl olijfolie de sjalot, knoflook en de artisjokblokjes glazig.
4 Voeg de rijst toe en bak nog 1 minuut. Blus met de witte wijn.
5 Roer nu niet meer en laat de bouillon rustig verdampen.
6 Voeg dan ⅓ van de warme bouillon toe, roer weer en laat op laag vuur pruttelen.
7 Als de rijst het vocht heeft opgenomen, weer bouillon toe voegen tot ze verzadigd is.
8 Breng op smaak en meng er de boter door.
9 Serveer met de gefrituurde artisjokkenchips en geschaafde parmezaan.

Vongele met groene asperges

1 kg vongele of mosselen
250 gr groene asperges
1 rode peper, zaadloos gehakt
1 knoflookteen, gehakt
1 tak rozemarijn
4 takjes koriander, gehakt
4 eetl olijfolie

1 Spoel de vongele goed schoon met water voor circa 15 minuten.
2 Bak de asperges met de knoflook, rozemarijn, peper en olijfolie net gaar.
3 Voeg dan de vongele toe.
4 Bak tot de schelpen open gaan en serveer in een soepbord samen met het vocht. Bestrooi met de koriander.

Wijnsuggestie: een jonge witte Bordeaux (entre-deux-mers), Muscadet of een frisse Duitse of Luxemburgse droge wijn (Moezel, Rheingau).

Restaurant Bukowski

Een dag op pad met de chef

Culinair verwend en verrast worden, dan moet je naar Bukowski. Gevestigd in hartje centrum is het een plek waar de geneugten van het leven samenkomen in een verrassende menukaart met bijzondere wijnen. Maar bij Bukowski kun je ook samen met de chef de keuken in, laat je culinair inspireren en sluit je aan bij één van zijn ambachtelijke kookclinics.

Alexander Vermeulen, een echte Bredase jongen, is sinds augustus 2006 Breda de trotse patron cuisinier van restaurant Bukowski. In de Halstraat, vlakbij veel parkeergelegenheden, is Bukowski prachtig gelegen. De ideale plek voor een commercieel getint restaurant. Toch is Vermeulen van plan nooit te zwichten voor het gemak en de commercie. "Er zijn genoeg restaurantjes die min of meer allemaal hetzelfde doen. Qua kaart verschillen ze weinig van elkaar. Bukowski wil opvallen door kwaliteit en gebruik van streekproducten en duurzaamheid. Een inspirerende menukaart en natuurlijk door de servicegerichtheid van Alexander Vermeulen en de zijnen. Daarmee maak je het verschil." Inmiddels heeft Vermeulen zijn restaurant goed op de kaart staan in Breda. Zelfs van ver buiten de stad wordt Bukowski bezocht om een avondje culinair verwend en verrast te worden.

KOOKCLINICS

"Nu we inmiddels naam met Bukowski hebben gemaakt, wil ik steeds meer verrassende nieuwe dingen toepassen. Niet alleen wat gerechten betreft, ook voor Bukowski zelf ben ik nieuwe dingen aan het bedenken." Trots wijst Vermeulen op de tuin naast zijn restaurant. "Hier hebben we in de zomer heerlijke diners. De tuin wil ik nog beter onder het voetlicht gaan brengen, wij bezitten hier een prachtig stukje buitengebied midden in het historische stadshart." Ook legt Vermeulen de nadruk op de kookclinics die hij al jaren organiseert en sinds kort ook bij Bukowski heeft geïntroduceerd. "Vanuit mijn eigen ervaring in de ambachtelijke keuken leer ik de gasten de fijne kneepjes van het koken. Hierdoor krijgen de deelnemers direct veel beleving en sfeer mee. We praten over de keuzes bij het samenstellen van het menu, waar je op moet letten bij vis en vlees, maar ook waar je op dient te letten als er gasten binnenkomen

Restaurant Bukowski
Halstraat 21a, 4811 HV Breda
(076) 529 75 55
Openingstijden: di t/m za 17.00 tot 22.00 uur,
lunch op reservering.
Feestdagen geopend.
Verdere reserveringen en kookclinics
op aanvraag.
restaurantbukowski.nl

Tartaar van gerookte vis

100 gr gerookte zalm, in fijne blokjes
100 gr gerookte forel, in fijne blokjes
100 gr gerookte zwaardvis, in fijne blokjes
100 gr gemengde sla en kruiden, gewassen en gedroogd
2 eetl mayonaise
2 eetl crème fraîche
sap en rasp van een citroen
zout en peper

1 Meng de gerookte vissoorten en breng op smaak met citroenrasp en -sap.
2 Voorzichtig wat gehakte kruiden en de mayonaise met de crème fraîche erdoor mengen, breng op smaak met peper en zout.
3 Verdeel de tartaar in ringen over 4 borden en bedek met wat avocadomousse.
4 Leg hierop wat sla en garneer met wat kruiden.

AVOCADO MOUSSE

1 avocado
1 eetl citroensap
mespuntje oestersaus
1 eetl crème fraîche
1 eetl room

1 Schil de avocado en verwijder de pit.
2 Meng alles in de blender, breng op smaak met citroensap en oestersaus.

Tip: Rooster een plakje spek krokant in de oven en serveer bij het gerecht.

Wijnsuggestie: een ronde licht geprononceerde Chardonnay of een droge Elzasser (Tokay Pinot Gris), een Riesling Spätlese of een wijn met exotische toets.

en hoe ze bedient moeten worden. Veel breder en vooral ook realistischer dan andere kookclinics pretenderen te zijn."

AMBACHTELIJK

Met een begrijpelijke menukaart en herkenbare producten toch iets bijzonders neerzetten. Dat is de essentie van Bukowski. Ook voor de kookclinics geldt deze stelregel. "Ik krijg kookclubs, bedrijven, vrijgezellenfeestjes en andere groepen tot tien personen in mijn keuken. Voor iedereen, kenner of leek, bied ik iets aparts. De nadruk ligt op het ambachtelijke karakter van onze manier van werken. Maar ook de tafeletiquette en wijn en spijs combinaties worden behandeld." Vermeulen vind dat het tijd is zijn vleugels uit te slaan. "Ik zie zoveel mogelijkheden en ben van plan het enthousiasme dat ons team heeft in te gaan zetten voor steeds meer dingen. De kookclinics zijn hier een goed voorbeeld van. Dat bewijzen de goede reacties van de deelnemers." Met de Kerst verzorgt Bukowski dan ook speciale ingrediënten voor uw menu en gemak. "Zo help ik de mensen een rustige Kerst te hebben met toch een fraai culinair menu. Het is echt iets bijzonders."

Eendenborstfilet met truffelpuree

2 eendenborstfilets, vet kruislings ingesneden
300 gr aardappels, schoon
4 eetl boter
4 eetl melk
2 eetl truffeltapenade

1 Bak de eendenfilets op de vetkant totdat deze is uitgebakken, daarna even op de vleeskant bakken. Gaar de filets naar wens op 100°C in de oven voor ca. 7 minuten.
2 Aardappels koken in weinig (⅓ onder) zout water en gaar koken.
3 Als de aardappels gaar zijn moet het vocht weg zijn. Knijp ze fijn door de pureeknijper. Meng met hete melk en gesmolten boter en peper.
4 Breng op smaak met de truffeltapenade.
5 Serveer op de puree plakjes eendenfilet, breng op smaak.

CALVADOSSAUS
100 ml appelsap
50 ml jus de veau
1 appel, schoon in fijne blokjes

1 Kook de appelsap in tot de helft.
2 Voeg de jus de veau tot en breng aan de kook.
3 Meng dan de blokjes appel erdoor. Klop er eventueel een klontje boter of walnotenolie door. Breng op smaak.

Tip: serveer met wat gebakken witlofblaadjes afgeblust met wat azijn.

Wijnsuggestie: een rijpe, belegen Haut-Médoc of Graves (rood). Een goede Cabernet-Sauvignon of een Carmenère Reserva uit Chili, een Barbaresco of helemaal top: een Brunello di Montalcino.

Chocolademousse met tutti frutti

CHOCOLADEMOUSSE
100 gr pure couverture
4 eiwitten
100 gr suiker
125 ml room
scheutje crème de cacao, koffielikeur

1 Laat de chocolade au bain-marie smelten. Haal uit het bad.
2 Klop de room lobbig met 50 gram suiker en zet dit koud.
3 Klop de eiwitten op met de rest van de suiker.
4 Meng de gesmolten chocolade met de likeur en de room.
5 Als laatste de geslagen eiwitten er voorzichtig door roeren.

Laat in de koeling opstijven.

VANILLESAUS
100 ml melk
3 eetl suiker
2 eidooiers
½ vanillestokje, gespleten

1 Breng de melk en suiker met de vanille aan de kook, zet het vuur uit en laat het afgedekt 15 minuten trekken.
3 Verwijder het stokje maar schraap het vanillemerg eruit, deze gaat weer in de melk.
4 Roer de eidooiers met 2 eetl vanillemelk los.
3 Meng weer bij de rest van de vanillemelk en verhit en klop totdat ze gaat binden. Haal van het vuur en klop nog zodat ze niet te heet wordt en gaat schiften.

TUTTI FRUTTI
150 gr tutti frutti, eventueel in reepjes gesneden
100 ml water
2 eetl suiker
½ sinaasappel, sap
zakje rooibosthee
½ citroen, sap
1 steranijs
1 kaneelstokje

1 Meng alles met het water en breng even aan de kook.
2 Laat de tutti frutti wellen en afkoelen in het vocht.

Wijnsuggestie: Banyuls (zoet rood), Pineau de Charentes (versterkt), Vin Santo (ingedroogd half-zoet rood of rosé), of een Spaanse Monastrell Dulce.

COMPAENEN

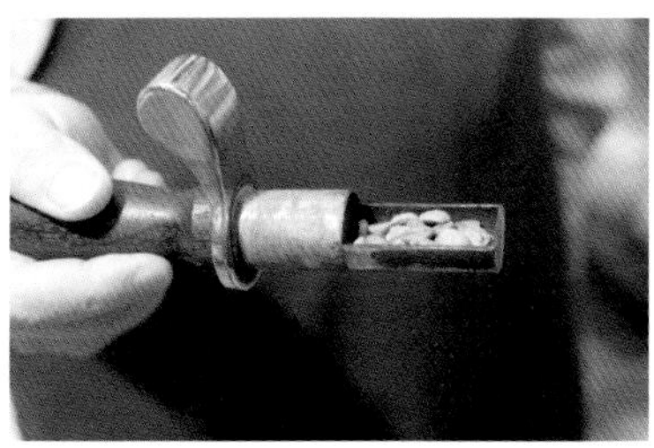

KOFFIE
THEE
DE COMPAGNIE
15

De Compagnie

"Wij verkopen hier de traditie van koffie, thee en tabak."

In de Torenstraat tegenover de Grote Kerk van Breda is een authentieke en klantgerichte winkel gevestigd, waar traditie en kwaliteit nog altijd hoog in het vaandel staan. De Compagnie mag zich een begrip in Breda noemen. Hoe dat zo gekomen is vertellen John en Anneke Bodar, trotse eigenaars van De Compagnie.

Wie De Compagnie bezoekt ondergaat bij binnenkomst direct een zweem van professionaliteit en ervaart een combinatie van verleden, heden en toekomst. De klassiek-moderne inrichting en zorg voor het interieur verraden dat hier mensen werken met kennis van zaken. John Bodar, eigenaar van De Compagnie, erkent dit. "Kwaliteit is ons handelsmerk. Of het gaat om koffie, thee of tabak: wij hebben zowel de gangbare als de moeilijk verkrijgbare merken en soorten op voorraad. Kijk naar ons assortiment thee: meer dan 160 soorten. Met een verfijnde witte thee, die exclusief bij ons verkrijgbaar is, tot tientallen soorten groene thee." Ook qua koffie spant De Compagnie de kroon. Een groot assortiment is één, een eigen branderij is uniek voor de stad. "Iedere week nemen we de tijd voor het branden van onze koffiebonen. Tot genoegen van de klanten", aldus Anneke Bodar. Ook op het gebied van sigaren is de winkel bij de tijd. De grote humidor, die zorgt voor de juiste luchtvochtigheid en temperatuur, herbergt een schat aan rookwaar.

VERDIEPEN

De Compagnie kent een prachtige geschiedenis. De overgrootvader van John Bodar had een sigarenfabriekje in Den Bosch. Een generatie later evolueerde dit tot een sigarenwinkel. De grootvader aan moederskant had een sigarenwinkel in Breda. Vader en moeder ontmoetten elkaar in Breda en namen de winkel van grootvader over. Toen gevestigd in de Karrestraat verhuisde de winkel later naar de Torenstraat, hartje centrum tegenover de Grote Kerk. Nadat de derde generatie zich met De Compagnie ging bemoeien werd de winkel verder gespecialiseerd tot verkooppunt voor sigaren en rokersbenodigdheden. "In de jaren zestig van de vorige eeuw ging het de sigarenwinkels voor de wind. De opkomst van de supermarkt leidde in de jaren zeventig en tachtig tot een flinke dip bij collega's, die zich daarom gingen richten op een breder assortiment. Tijdschriften, snoep en kantoorartikelen raakten in zwang. Tegen die tijd kwamen wij samen om de hoek kijken als vierde generatie. Door juist te verdiepen in plaats van te verbreden, konden we trouw blijven aan onze liefde voor deze producten."

De Compagnie
Torenstraat 15, 4811 XV Breda
(076) 521 22 44
Openingstijden: ma 11.00-18.00 uur;
di t/m vr 10.00 tot 18.00 uur;
za 09.00 tot 17.00 uur en op koopzondagen
decompagniebreda.nl

WELKOM

Het verstrekken van informatie is volgens John en Anneke Bodar erg belangrijk. "We staan vanzelfsprekend klaar voor de wensen van onze klanten. Omdat we ons sterk hebben gespecialiseerd durven mensen hier van alles en nog wat te vragen. Daar nemen we de tijd voor. Daarnaast hebben we een groot assortiment interessante en prettig geschreven folders beschikbaar, vol met anekdotes, gebruiken en tradities. Zowel de rookwaar als de verschillende soorten koffie en thee worden per folder besproken. Ook informatie over humidors voor sigaren en andere interessante specialiteiten krijgen aandacht in de foldertjes."

De uitstraling van de winkel benadert de drie productgroepen van grondstof tot eindproduct en alles wat er tussenin zit, inclusief accessoires. "Dit is niet alleen bedoeld om te tonen dat we alles in huis hebben, ook geeft het aan dat we ook de veeleisende klanten graag van dienst willen zijn."

FEATURE

Nadat John en Anneke besloten ook koffie en thee tot hun specialiteiten te gaan rekenen, volgden veel reizen naar gebieden waar de grondstoffen vandaan komen. "Die schat aan kennis is nu ons onderscheidende vermogen. Zo eens in de vijf jaar zorgen we daarnaast dat de winkel een nieuwe feature krijgt. Een paar jaar geleden waren het de zitjes achter in de zaak, waar nu veel gebruik van wordt gemaakt. Zo blijven we bij de tijd en spelen we steeds in op de klant."

Met tabak gerookte kip

1 theel witte peperkorrels
1 eetl zeezout
2 stuks steranijs
1 kaneelstokje in grove stukken
4 kipfilets
2 eetl sojasaus
1 eetl rijstazijn
2 eetl Havezaethe pijptabak Page

Rookoventje of een wok met inzetrooster en deksel

1 Rooster de peperkorrels met het zout, steranijs en kaneelstokje in een koekenpan.
2 Maak met een vijzel dit alles fijn.
3 Marineer de kipfilets enkele uren met de sojasaus en azijn en het specerijenmengsel.
4 Leg de kipfilets in de rookoven met op de bodem het tabak.
5 Zet de rookoven op hoog vuur tot er rook onder het deksel vandaan komt.
6 Draai het vuur laag en laat 10 minuten roken.
7 Draai het vuur uit en laat nog 10 minuten staan met de deksel gesloten.
8 Snij elke gerookte kipfilet in 6-7 plakken. Dit laat een mooi contrast zien tussen het blanke kippenvlees en de zwarte rand van soja en peper en zout mengsel.
9 Serveer ze met rijst of mie en roerbakgroente.

Wijnsuggestie: Weißburgunder Auslese trocken of Chardonnay Spätlese Rheinhessen Duitsland, grote smaakmakers bij gerookte gerechten en zeer verleidelijk.

Bredase cappuccinocrème

2 blaadjes heldere gelatine
1 vanillestokje, gespleten
150 ml sterk gezette Bredase koffie
3 eidooiers
60 gr suiker
150 ml slagroom, lobbig geslagen
2 eetl koffielikeur, van Compaenen natuurlijk
1 theel cacaopoeder

1 Week de gelatine in koud water.
2 Breng het vanillestokje samen met de koffie eenmaal aan de kook, los er de gelatine in op en meng er de likeur bij.
3 De koffie van het vuur nemen en tien minuten laten trekken.
4 Verwijder het vanillestokje en schraap het merg eruit, voeg dit weer bij de koffie.
5 Klop de eidooiers met de suiker schuimig.
6 Laat de koffie afkoelen en als ze lobbig is voeg ze dan bij de eieren.
7 De slagroom lobbig kloppen en door de crème spatelen.
8 De cappuccinocrème in glazen gieten en in de koelkast stijf laten worden.

Serveer met een toefje slagroom en naar believen met cacaopoeder bestuiven.

Wijnsuggestie: zoete sherry van de Pedro Ximénez druif of Vino Santo – Liquoroso, Toscane. Zowel smakend naar Madeira als Sauternes is de complexiteit van deze dessertwijn ongekend. Eerst worden de druiven langdurig gedroogd totdat slecht kleine verschrompelde druiven resten. Na persing gaat het druivensap in kleine vaatjes van zo'n 50 liter waar ze 6 jaar in verblijven op de druivenpulp van de vorige jaargangen.

Asperges met groene thee

8 witte asperges
40 gr walnoot
sla van tuinkers en waterkers
1 eetl groene thee

DRESSING
3 eetl distelolie
2 eetl zoete witte wijn
4 eetl aspergefond
2 eetl room
½ vanillestokje, het merg

1 Schil de asperges en zet de schillen direct onder minimaal water samen met de thee.
2 Trek een fond van de asperge schillen in ongeveer 10 minuten.
4 Zeef de fond en kook ze in tot ca. 100 ml.
5 Stel de dressing samen.
6 Schil nu de asperges van staart naar kop met de dun schiller en meng met de dressing.
7 Snij de restjes fijn en strooi over de aspergecarpaccio.
8 Maak een salade van de carpaccio van asperges en de tuinkers en waterkers.

Wijnsuggestie: delicate, droge verdicchio of Grüner Veltliner, met een klein typisch bittertje, prettige wijnen bij asperges en dit gerecht.

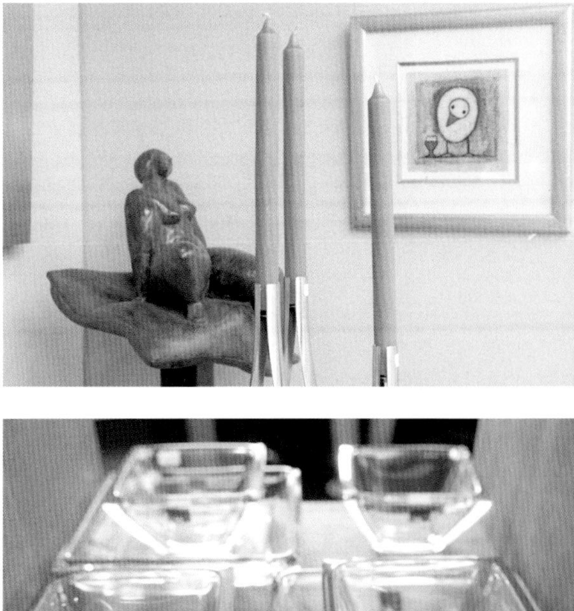

Das Art

"Das Art is een galerie die qua service net wat verder gaat."

Genieten van het leven, daar horen kunst en mooie gebruiksvoorwerpen vanzelfsprekend bij. Vanuit haar atelier Das Art aan de Ginnekenweg laat Mariska Dasselaar iedereen in het Ginneken, de rest van Breda en ook van ver daarbuiten kennismaken met haar kwalitatieve visie op kunst.

"Ik heb de beschikbaarheid over maar liefst 15.000 werken. Bekende schilders en totaal onbekende kunstenaars, die wel hun creativiteit hebben gebruikt om iets bijzonders te maken: het kan hier allemaal. Een kleine selectie wordt hier geëxposeerd en ik probeer altijd bekend, origineel, duur, onbekend, zeefdruk en goedkoop door elkaar te hangen. Op die manier kan ik iedereen van dienst zijn, want kunst is er voor alle smaken en alle budgetten."

AANDACHT

Achterin haar galerie heeft Dasselaar een mooie open keuken en een grote tafel met boeken, tijdschriften en informatie beschikbaar. Ook de zitjes van Sitting Image staan hier opgesteld. "Hiermee geef ik aan dat ik buiten de schilderijen nog meer doe. Sitting Image heeft een zeer mooie reeks tuinmeubelen, die hier voor een deel te zien zijn. Daarnaast ben ik zelf zeer trots op mijn collectie aan artikelen van Blomus." Dasselaar wijst op een grote tafel in het atelier waar de zware kandelaars, windlichten, lijsten en andere roestvrijstalen producten. Ze vullen mijn winkel erg goed aan en bovendien zorgt het ene product weer voor extra aandacht op het andere product. Ik krijg mensen over de vloer die voor Blomus speciaal naar mijn winkel komen. Mijn klanten zien dat ik veel op voorraad heb en ze voelen zich welkom. Daardoor is de aandacht op de schilderijen ook sneller gevestigd."

INTERIEUR

"Het gebeurt geregeld dat ik mensen in de galerie op bezoek krijg met een voorliefde voor drie totaal verschillende schilderijen. Vaak bied ik dan aan om thuis de schilderijen te komen ophangen, zodat direct opvalt wat wel en niet geschikt zou zijn. Dan raak je aan de praat en voor ik het weet sta ik te adviseren over het interieur. Ook op kantoor kan ik de wensen doornemen, zodat we samen kunnen bepalen wat de sfeer moet worden die de inrichting moet uitstralen. Het kan ook zo zijn dat we op

Das Art

Ginnekenweg 352, 4835 NM Breda

(076) 599 19 00

Openingstijden: ma 13.00 tot 17.00 uur;

do en vrij 11.00 tot 17.30 uur;

za 11.00 tot 17.00 uur;

tevens geopend op afspraak

dasart.nl

basis van een bestaand interieur bepaalde stijlen selecteren uit de collectie. Vervolgens kom ik bij de klant thuis om samen te kijken naar de mooiste opties. Op dat moment realiseren mensen zich pas hoe belangrijk het is dat ze iets moois aan de muur hebben hangen. Als je genieten als prioriteit in het leven hebt, komt kunst er zeker bij kijken."

UITLEEN

Een andere interessante mogelijkheid die Dasselaar biedt is de renteloze kunstaankoopregeling. "Dit is mogelijk bij aankopen vanaf vierhonderd euro De speciale aankoopregeling is voor particulieren die gespreid willen betalen. Bedrijven bieden we de mogelijkheid de werken te huren. Ook zorg ik desgewenst voor relatiegeschenken met of zonder logo, al dan niet thuisbezorgd op verjaardagen en jubilea, en kerstpakketten." De komende tijd gaat Dasselaar zich nog verder richten op uitbouw van haar assortiment. "Ik kies de allermooiste dingen en ga die ook aanbieden in de galerie. Zodoende komt de nadruk nog meer te liggen op mooie dingen!"

Schuimige spinaziesoep met geitenkaas

750 ml melk
150 gr verse geitenkaas of fetakaas
400 gr spinazie
½ bosje koriander
2 gare aardappels
4 stukjes geroosterd brood met geitenkaas besmeerd en geroosterd
peper en zout

1 Breng de melk aan de kook.
2 Meng dit met de spinazie, koriander, geitenkaas en de aardappels.
3 Mix dit luchtig met behulp van een staafmixer en breng op smaak.
4 Zorg dat de soep wel warm blijft maar niet meer kookt.
5 Rooster de stukjes brood met geitenkaas lichtbruin en serveer bij de soep.

Mocht je de soep zonder geitenkaas willen gebruik dan 4 eetl boter vermengd met 6 eetl bloem. Verkruimel deze beetje voor beetje in de hete melk zodat de melk gaat binden.

Garnalenkroketjes

NODIG VOOR 20 KROKETTEN

200 gr roomboter
250 gr bloem
200 ml melk
200 ml visbouillon
2 eidooiers
2 eiwitten
300 gr Hollandse garnalen
sap van citroen
bosje peterselie
200 gr paneermeel en nog wat bloem
zout, peper, nootmuskaat

1 Smelt de boter in de pan en meng dan met de bloem.
2 Laat dit op laag vuur rustig garen in ca. 3 minuten.
3 Voeg de koude melk en visbouillon toe en meng dit kort met een garde door elkaar. Breng aan de kook en gebruik dan een spatel om te roeren.
4 Gaar dit voor 10 minuten. Breng dit op smaak met peper, zout, nootmuskaat en citroensap.
5 Haal van het vuur en meng met twee eidooiers en meng dan voorzichtig met de Hollandse garnalen.
6 Doe deze compositie in een schaal en enkele uren laten opstijven in de koelkast.
7 Zet drie soepborden klaar: een met bloem, een met het losgeklopte eiwit, het derde bord met paneermeel.
8 Vorm duimdikke kroketjes van de compositie en wentel die achtereenvolgens door de bloem dan in het eimengsel en tenslotte in de paneermeel.

Bak de kroketten in het frituurvet op 180°C tot ze krokant zijn.
Serveer met gefrituurde peterselie.

Gecaramelliseerde witlof met feta en blauwe druiven

2 stronken witlof
2 eetl rietsuiker
100 gr feta
200 gr blauwe druiven
4 eetl balsamico-azijn
2 eetl dragonblaadjes

1 Snij 1 centimeter weg van de onderkant van de witlofstronkjes.
2 Vang de losse blaadjes op en snij nogmaals één centimeter weg van de onderkant.
3 Snij zo alle blaadjes los.
4 Roerbak dan de blaadjes met de suiker.
5 Bak heel even de halve druifjes mee.
6 Serveer met dragonblaadjes en balsamico-azijn.

Wijnsuggestie: een licht gekoelde fruitige jonge rode wijn die best wat bitters of tannine mag hebben.

estafette
estafette
estafette
FLAKES FLAKES
Corn flakes

GROENE PAPRIKA
7.90 15
RODE PAPRIKA
9.80 80
SPERZIEBONEN
3.95 15
TOMATE
4.65

PARRA
LA MESETA
TEMPRANILLO
LA MESETA
TEMPRANILLO
DOMAINE DELCELLIER
DOMAINE DELCELLIER
DOMAINE DELCELLIER

Estafette

Een gezond alternatief

'Waar komt mijn voedsel vandaan?' Dat is een vraag die de kwaliteitsbewuste consument van vandaag zich steeds vaker stelt. Veel van de producten die worden verkocht door Estafette bevatten die informatie. De biologische eetwinkel aan de Ginnekenweg koopt immers zoveel mogelijk rechtstreeks in bij producenten, telers en bereiders.

In een 'gewone' voedselzaak zou bedrijfsleider Roland van Reenen nimmer willen werken. Daarvoor heeft hij te veel affiniteit met biologische producten en is hij te zeer begaan met het welzijn van dieren. "Ik vind het belangrijk dat dieren goed worden behandeld. Dat is het verhaal van input-output: hoe je iets of een dier behandeld en wat je er in stopt, het komt er op jouw bord uiteindelijk altijd weer uit. Naar mijn mening staat de mens niet los van zijn omgeving en kan hij niet ongestraft blijven doorgaan met het vervuilen van de aarde. Je gezondheid is gekoppeld aan de maatschappij en daarom zijn biologische producten belangrijk. Dit zit ook in onze naam: 'Estafette' staat voor het met zorg en aandacht doorgeven van producten en bedrijfsmiddelen; én we hebben de aarde in bruikleen omdat we die doorgeven aan toekomstige generaties".

'VERGETEN GROENTEN'

Roland constateert tot zijn spijt dat er wereldwijd sprake is van een verschraling van de voeding. Immers: overal vind je vestigingen van dezelfde hamburgerketen, met het vlees van steeds hetzelfde ras koeien die allemaal dezelfde sojaboontjes eten. Dat is jammer, vindt hij, want elk land, elke streek heeft zo zijn eigen specialiteiten en keuken. Gelukkig besteedt de culinaire wereld daar de laatste jaren steeds meer aandacht aan. En aandacht voor de zogeheten 'vergeten groenten' hoort daar ook bij. Estafette (met tien vestigingen door heel het land) heeft nogal wat van die groenten in zijn assortiment. "Klanten komen van heinde en ver om bij ons pastinaken (een witte peen met een zoete smaak) te kopen", vertelt Roland. "Raapstelen en meiraapjes (een ronde, gele knol met geel vruchtvlees) staan ook weer in de culinaire belangstelling. Een groot aantal bekende koks pleit voor biologische producten juist vanwege de smaak. Brood gemaakt van spelt, een soort grove tarwe, is een ander voorbeeld. Wat betreft de zuivel hebben we veel producten die afkomstig zijn van geiten. Heel bijzonder is onze Lingelaer kaas, afkomstig van een biologische boerderij in het natuurgebied de Mariënwaard langs de Linge".

Estafette, de biologische eetwinkel
Ginnekenweg 65, 4818 JB Breda
(076) 521 64 17
Openingstijden: ma 11.00 tot 19.00 uur;
di t/m vr 08.30 tot 19.00 uur;
za 08.30 tot 18.00 uur
estafettewinkel.nl

Roland toont een fles acidophilus-melk (melk met een nuttige melkzuurbacterie, goed voor de darmflora). 'Afkomstig van koeien op de zorgboerderij Valkendam in Alphen aan de Rijn, verzorgd door Bas', zo staat er te lezen. "Nog niet elk product dat we verkopen geeft op die manier informatie. Maar het worden er wel steeds meer. Onze olijfolie bijvoorbeeld wordt speciaal voor ons gemaakt in Tunesië en onze appelsap komt van een boerderij in Oostkapelle", vertelt Roland.

VAKMANSCHAP EN TOEWIJDING

De clientèle van Estafette loopt zeer uiteen, variërend van klanten die een dieet volgen dan wel geïnteresseerd zijn in vergeten groenten, tot diegenen die uit ideologische overtuiging biologische producten kopen. 'Wij letten erop dat de producten duurzaam en sociaal verantwoord zijn geproduceerd, maar vooral ook dat ze lekker zijn en goed smaken', zo valt te lezen in het mission statement van de Estafette-keten. "Nou inderdaad, dat laatste vind ik ook heel belangrijk", zegt Roland lachend. "Ik heb helemaal niks met producten die geen smaak hebben. Geef mij maar producten die door vakmanschap en toewijding smakelijk zijn geworden. En biologische producten zijn smakelijk, ook al zeggen sommige mensen uit onwetendheid dat dit niet zo is. Een ander misverstand is dat een biologische eetwinkel duurder zou zijn dan een reguliere voedingszaak. Iedereen in de biologische keten krijgt een eerlijke vergoeding voor zijn bijdrage. Droogwaren zijn soms iets duurder, maar met groenten hoeft dat niet perse zo te zijn. En bovendien: de prijzen die we vragen zijn het ook waard!"

Roergebakken spinazie met rozijnen en pijnboompitten

800 gr spinazie
4 eetl rozijnen
2 eetl honing
100 ml water
4 eetl olijfolie
4 eetl pijnboompitten
peper en zout

1 Breng de rozijnen in 100 ml water en 2 eetl honing aan de kook. Haal van het vuur.
2 Was en droog de spinazie en verwijder harde steeltjes.
3 Verhit in een grote koekenpan de olijfolie, bak de pijnboompitjes bruin in deze olie.
4 Voeg de spinazie toe en roerbak tot ze gaar is en meng dan met de rozijnen.

Wijnsuggestie: een jonge rode fruitige wijn met impressies van framboos, leer en tabak zeer geschikt voor dit vegetarische gerecht. Caballero de Mesasrrubias D.O. La Mancha.

Marokkaanse vistajine met harder

4 stukken harderfilet
4 eetl chermoula
2 citroenen
125 gr gemarineerde groene olijven
3 winterwortelen, geschild
3 grote tomaten, ontveld, ontpit en in grove stukken
1 rode ui, in ringen

CHERMOULA
2 knoflooktenen, gehakt
1 theel zeezout
4 eetl bladpeterselie
2 eetl korianderblad
6 eetl olijfolie
sap van een halve citroen
1 eetl paprikapoeder
1 theel kurkuma
snufje cayennepeper
snufje komijn

1 Marineer de vis met de chermoula voor ca. 30 minuten.
2 Snij de citroenen in dunne plakken, was de olijven en snij de wortel in reepjes.
3 Leg plakjes citroen op de bodem van de tajine.
4 Leg de wortelreepjes kruislings over de citroen en leg hier de vis op.
5 Bedek de vis met olijven en verdeel ten slotte de tomaten erover.
6 Doe de deksel op de tajine en zet hem op een matig vuur.
7 Laat de tajine tussen de 15 en 30 minuten staan, totdat de ingrediënten voldoende gaar zijn.

CHERMOULA
Stamp het knoflook fijn met het zout in een vijzel en meng dan de peterselie erdoor. Klop de olijfolie en het citroensap erdoor, voeg de overige ingrediënten toe en roer alles door elkaar.

Wijnsuggestie: een fris en fruitige witte wijn, licht aromatisch met een fijne afdronk. Verdicchio dei Castelli di Jesi van Moncaro.

Geitenkaassalade

4 stukjes verse geitenkaas
4 eetl geroosterde zaden van pompoen, zonnebloem, sesamzaad en lijnzaad
2 eetl honing
150 gr gemengde sla, gewassen en gedroogd
2 grote tomaten
½ citroen
3 eetl duindoornjam
2 eetl olijfolie
2 eetl lijnzaadolie

1 Snij de tomaten in kwarten, verwijder de zaadlijsten.
2 Wrijf de zaadlijsten door een bolzeef met behulp van een lepel en vang het sap op.
3 Meng een dressing van het tomatensap, de tomatenblokjes, citroensap, duindoornjam, de olijfolie en de lijnzaadolie.
4 Verdeel de honing over de vier stukjes geitenkaas en bruleer met de gasbrander krokant.
5 Bedek de zijkanten van de kaasjes dan met de geroosterde zaden.
6 Serveer deze met de salade en de dressing.

Wijnsuggestie: een rosé uit Veneto met een druivig aroma van bosvruchten, droog en soepel van Pizzolato Vacanziere.

Appelcarré
Per 100 gram
€ 1,40
V.Gehakt
Corndonbleu
Per 100 gram
€ 1,38
Rocky Steak
Varkensvlees
Per 100 gram
€ 1,85

De Groene Weg

"Biologisch, dat proef je."

De biologische slager verkoopt vlees van dieren die een goed leven hebben gehad. Alles in de toonbank is puur natuur. Dat is lekkerder, gezonder en goed voor het milieu. De vraag naar biologisch vlees groeit dan ook duidelijk.

"Het is beslist niet zo dat alleen mensen met geitenwollen sokken in onze zaak komen. Totaal niet. De meeste klanten willen perse alleen biologisch vlees eten, omdat de dieren een goed leven hebben gehad". Dat zegt biologisch slager Alex Griffioen, eigenaar van Slagerij De Groene Weg.
De varkens, koeien, lammeren en kippen in het vers vlees en vleeswaren assortiment leven langer, lopen buiten en krijgen biologisch voer. Koeien staan in een open potstal en kunnen in de zomer het weiland in. Griffioen: "Dat grasland wordt niet bespoten en daarom groeit er dille, kamille en andere kruiden tussen het gras. De koe eet daarvan en het vlees krijgt hierdoor een betere en vollere smaak. Dat proef je". Ook de varkens lopen buiten en kunnen vrij in de grond wroeten. Vooral kippen hebben extra veel ruimte op een biologische boerderij. "Per kip drie vierkante meter, terwijl legbatterijkippen op een kluitje zitten met 27 op een vierkante meter. Dat verschil leidt tot een hogere prijs. Kippenvlees bij ons is zeker twee keer zo duur als een kip uit de gangbare landbouw. De andere prijzen concurreren met die van een kwaliteitsslagerij".

PUUR NATUUR

"Ik onderscheid me niet van andere slagers met panklare maaltijden of traiteur gebeuren, maar met pure kwaliteit", vult hij aan. "Al mijn vlees in de toonbank is puur natuur. Er zitten geen geur-, kleur- en smaakstoffen in, en we gebruiken geen conserveringsmiddelen."
"Sinds kort verkoop ik ook kalfsvlees. De kalveren krijgen gewoon ijzer in hun voer. In een gewone kalverhouderij krijgen de dieren dat niet, en daardoor ziet het vlees er blank uit. Maar die kalveren lijden daardoor wel vaak aan bloedarmoede. Ons kalfsvlees is wat rossig gekleurd, maar smaakt veel beter".
De slagerij van Griffioen is onderdeel van De Groene Weg, een keten met elf winkels verspreid over heel Nederland. "Groot voordeel van een keten is het gezamenlijk aanbiedingen maken, de internetsite, en de inkoop. Nu is alles te krijgen, voorheen was het beperkt", vertelt de slager.
Alleen de kippen snijdt Griffioen zelf uit tot filet, kippenbouten en drumsticks. "Als ik te weinig kipfilet heb kan ik direct bijbestellen, een telefoontje is genoeg". De rest van het verse vlees

De Groene Weg
Ginnekenweg 1, 4818 JA Breda
(076) 522 87 88
Openingstijden: di t/m vr 09.00 tot 18.00 uur;
za 09.00 tot 16.00 uur
degroeneweg.nl

Bakbloedworst met spek

4 plakken bakbloedworst met spek
2 goudreinetten
4 sneetjes wit brood
veldsla
2 eetl boter
1 bakje tuinkers

1 Rooster de sneetjes wit brood.
2 Schil de appels en snijdt ze in parten.
3 Was de sla en knip de tuinkers.
4 Bak de bloedworst in 4 minuten aan elke kant bruin in de boter.
5 Haal de plakken uit de pan en bak dan de appels een paar minuten.
6 Leg de bloedworst weer terug en verwarm ze nog even samen met de appels.
7 Leg het brood op een bord, verdeel de sla op het brood, dan de bloedworst er opleggen en als laatste de appel en de tuinkers.

Wijnsuggestie: een fruitig, fris droge rosé. Een biologische wijn uit Vin de Pays d'Oc van Guy Rambier en Frédéric Kast.

wordt verwerkt in de centrale slagerij van De Groene Weg in Groenlo. Vanuit Boxtel wordt alles gedistribueerd.

KLANTEN VAN BUITEN DE STAD

Griffioen zit sinds 1992 naar tevredenheid op deze stek, aan de kop van de Ginnekenweg. Hij is de enige biologische slager van Breda en omstreken. "De dichtstbijzijnde collega's zitten in Eindhoven, Utrecht en Rotterdam. In Zeeland is er zelfs geen een." Zijn slagerswinkel wordt dan ook bezocht door klanten van ver buiten de stad. "We zijn pas weer met een spaarkaartactie begonnen. Als je dan de adressen invult zie je gelijk dat ze uit Tilburg komen, Zevenbergen, Roosendaal, Etten-Leur, Nieuwendijk en Werkendam. En natuurlijk uit de dorpen rondom Breda, zoals Prinsenbeek, Teteringen, Bavel, Ulvenhout en Terheijden."
Griffioen verbouwde zijn zaak, geheel volgens de richtlijnen van De Groene Weg. Zijn winkel heeft nu dezelfde uitstraling als alle andere winkels van De Groene Weg, zegt hij. Het plafond komt geheel in stijl, evenals de mozaïekpalen in de winkel en de communicatiewand aan de achterkant.

GROTER AANBOD

"Er zit een gezonde groei in de verkoop van biologisch vlees. Het aanbod wordt steeds groter, omdat er meer biologische boeren komen. Zo kan ik nu ook runderhaas leveren. Vroeger had ik dat niet. Het werkt een stuk lekkerder om geen nee te hoeven verkopen."
Zelf kopen Alex en zijn vrouw zoveel mogelijk biologische producten bij de natuurvoedingswinkel of in de supermarkt, daar hebben ze genoeg keuze aan biologische zuivel en groenten. "Vlees haal ik natuurlijk uit mijn eigen winkel. Ook op vakantie zoek ik gelijk naar biologisch vlees in de supermarkt. Het is gewoon lekkerder, gezonder en beter voor het milieu."

Ribeye steak met champignontapenade

4 ribeye steak, opgebonden met een stukje spek
3 eetl olijfolie
2 eetl balsamico-azijn
200 gr grote champignons, de hoed in blokjes
½ rode ui, gesnipperd
1 rode paprika, in fijne blokjes
½ komkommer, zaadloos in fijne blokjes
1 eetl zwarte olijven, gehakt
3 eetl kappertjes
2 eetl peterselie, gehakt
2 eetl bieslook, fijngeknipt
zout, peper

Wijnsuggestie: een soepele rode wijn, vol van smaak met rijpe bessen en bramen, lichte vanille, kaneel en geroosterde noten. Een biologisch gemaakte wijn van Gaspar Pedro Tomás D.O. Crianza Alicante.

1 Masseer de ribeye steak met 1 eetlepel olijfolie en laat de ribeye op kamertemperatuur komen.
2 Schil de hoed van de champignons en snij deze in fijne blokjes.
3 Meng dit met de ui, paprika, komkommer en de olijven.
4 Breng op smaak met de olijfolie, kappertjes, kruiden en zout.
5 Bak de ribeye: verwarm een zware pan goed voor op hoog vuur. Smeer deze dun in met olijfolie.
6 Zet het vuur op halve stand, leg de ribeye in de pan en bak ze ca. 2 minuten aan elke kant, afhankelijk van de gewenste gaarheid, bruin. Laat het vlees eerst bruin worden alvorens te draaien en proberen te schuiven.
7 Leg de ribeye op warme borden en verdeel de champignontapenade.

Heerlijk met zelfgemaakte frites en groene salade.

Frans Potje op zijn best

600 gr schouderkarbonade, in blokjes
1 theel tijmblaadjes
1 theel salie, fijn gesneden
1 theel rozemarijnnaalden, gehakt
2 blaadjes laurier
1 theel zwarte peper, gemalen
1 theel zeezout
4 knoflooktenen, geplet
12 sjalotten, in partjes
12 kleine aardappeltjes
2 eetl olijfolie

1 Bak het vlees bruin in een zware pan met de olijfolie.
2 Voeg dan de kruiden toe met de knoflook en de sjalotpartjes en de aardappels.
3 Bak om en om en zet het vuur laag.
4 Dek het af met een deksel en laat dit nog voor ca. 20 minuten garen.

Tip voor in de zomertijd: ook lekker met een groene salade en feta.

Wijnsuggestie: een volle rode wijn met veel rood fruit en wat kruiden, lichte tannine in de afdronk. Een biologisch gemaakte wijn van Gaspar Pedro Tomás D.O. Alicante.

KAATJE JANS
*KAAS *VLEESWAREN *BROOD EN BANKET
KAATJE JANS
86
84

Kaatje Jans Versgilde

"Wij verkopen zaken waar je van kunt genieten."

Wie Kaatje Jans zegt, zegt lekkernijen. Ook de winkel in Ulvenhout doet zijn naam eer aan. Michael Bruijgoms en zijn zus Bianca runnen de winkel met liefde en plezier.

Wie Ulvenhout over de Dorpstraat binnenrijdt, waant zich terug in de tijd. Op een relatief korte afstand van de Bredase binnenstad en in het verlengde van het Ginneken biedt Ulvenhout een stukje warmte en klasse waar veel Bredanaars, maar vooral iedereen in Ulvenhout bijzonder trots op is. De Dorpstraat vormt het kloppend hart van deze kleine kern en biedt ruimte aan allerhande authentieke speciaalzaken. Kaatje Jans is er een van. Michael Bruijgoms runt samen met zijn zus Bianca de vestiging van Kaatje Jans in Ulvenhout. "De winkel is al vijftien jaar in ons bezit en wijzelf zijn er nu vijf jaar actief, waarvan de laatste twee jaar echt op ons zelf." De familie Bruijgoms zat eerst in Breda met Kaatje Jans en verhuisde later naar Oosterhout. Hier in Ulvenhout, waar de familie haar roots heeft, bleek het winkelpubliek Kaatje Jans met open armen te ontvangen. " Wij verkopen zaken waar je van kunt genieten, de wat luxe spijzen, kazen, hammen en wijnen. Het publiek hier is bereid om daar wat extra's voor te betalen, want ze kennen de kwaliteit. En het gevolg is dan ook dat er vanuit Breda en omliggende dorpen ook weer extra klandizie is ontstaan in de loop der jaren. Een mooie ontwikkeling, waar we trots op zijn. Het is toch een bevestiging van het feit dat wat we doen de moeite waard is."

WAARDERING

Michael Bruijgoms vervolgt: "wat we vooral proberen te doen is tijd te nemen voor onze klanten en ze te adviseren over de lekkernijen die we hier verkopen. Bovendien hebben we een band met vrijwel al onze klanten. Dat krijg je toch wel snel in een dorp en dat is erg leuk. De gemoedelijkheid is een integraal onderdeel van de gemeenschap, dus kunnen onze klanten die warmte ook hier vinden." Qua assortiment is Bruijgoms erg compleet. "Binnen- en buitenlandse kazen en vleeswaren, zuidvruchten, wijnen, broodjes, noten, patés, salades en het brood van de bakker om de hoek. En dat dan weer in allerlei soorten, maten en smaken. Die veelvuldigheid en exclusiviteit wordt erg gewaardeerd. Het feit dat we werken onder de vlag van Kaatje Jans, zorgt dat het winkelend publiek een vorm van herkenning heeft. De kwaliteit die

Kaatje Jans
Dorpstraat 86, 4851 CN Ulvenhout
(076) 565 54 75
Openingstijden:
ma t/m vr 08.00 tot 18.00 uur;
za 8.00 tot 16.00 uur
kaatjejans.nl

Focaccia drie keer anders

1 focaccia
4 eetl crème fraîche
1 eetl mosterd (bv. Dijon of Tierentijnse mosterd)
2 tomaten, in plakjes
100 gr mix van ouwe Jans premium en gruyère kaas geraspt
100 gr verse geitenkaas
50 gr groene olijven
100 gr mozzarella
50 gr groene pesto
peper en zout

1 Meng de crème fraîche en mosterd tot een pittig mengsel.
2 Breng op smaak met peper en zout.
3 Snij vierkantjes uit de Focaccia en smeer ⅔ deel in met de crème.
4 Beleg daarvan de helft met plakjes tomaat en bestrooi deze met de geraspte kaas.
5 De andere helft bestrooien we met wat geitenkaas en groene olijven.
6 De laatste blokjes besprenkelen we met wat olijfolie, beleggen we met wat mozzarella en wat groene pesto.
7 Net voor serveren bakken we de blokjes focaccia krokant in 11 minuten op 200°C in de oven.

wij leveren komt overeen met het beeld dat van Kaatje Jans bestaat: vers, lekker en uitgebreid."

VAKANTIEGEVOEL

Het geluk wat Michael en zijn zus ook hebben, is het feit dat de namen Bruijgoms-De Bart voor mensen in Ulvenhout zeer bekende namen zijn. "Onze historie ligt in Ulvenhout. Mensen kennen onze familie, net zo als ze de andere families in het dorp kennen. Dat schept eigenlijk al meteen een band. Maar dat onze winkel zo goed draait is natuurlijk vanwege de kwaliteit. De aandacht die wij hebben voor onze producten is groot. We zijn continu op zoek naar nieuwe dingen om onze klanten mee te verrassen. We proberen trends te volgen of zelfs te zetten. Maar vooral inspelen op de wensen is erg belangrijk. Zo net na de vakantieperiode in de zomer zorgen we dat we de buitenlandse producten in het assortiment duidelijk terug laten komen. Dat geeft de mensen een extra lang vakantie gevoel. Dat waarderen de klanten. Voor ons is het een kleine moeite."

Canneloni inside out

200 gr tagliatelle
1 courgette
200 gr champignons
6 eetl olijfolie
12 cherrytomaatjes, gehalveerd
250 gr groene asperges
4 eetl groene kruiden, peterselie, bieslook en kervel
100 gr mascarpone
8 plakken achterham
50 gr parmezaanse kaas, geraspt
peper en zout

1 Kook de pasta gaar in ruim kokend zout water. Meng met de mascarpone.
2 Snij de courgettes en asperges in stukjes en de champignons in plakjes
3 Bak ze in olijfolie.
4 Meng de pasta met de groene kruiden en breng op smaak met peper.
5 Vul de plakjes ham met het pastamengsel, rol ze op en leg er nog wat mascarpone op.
6 Leg ze in een ovenschaal samen met de gebakken groenten en de tomaatjes.
7 Bestrooi met parmezaanse kaas en gratineer in de oven voor ca. 10 minuten.

Wijnsuggestie: een kruidige, krachtige, warmbloedige rode wijn met geuren van stoofperen, bramen, rijpe bessen en specerijen bv. Primitivo Caleo Salento Italië.

Strozza pretty al funghi

200 gr strozza pretty (handgedraaide pasta)
10 gr gedroogd eekhoorntjesbrood, geweekt in warm water
1 eetl sjalot, gesnipperd
1 knoflookteen, gehakt
2 eetl notenolie
2 eetl mascarpone
parmezaan, geschaafd

PASTA

1 Snij het geweekte eekhoorntjesbrood fijn. Bewaar het weekvocht.
2 Bak het eekhoorntjesbrood met de sjalot en knoflook in de olijfolie glazig.
3 Voeg het weekvocht toe en kook dit in.
4 Voeg de mascarpone toe en kook in tot sausdikte. Zet apart.
5 Kook de pasta gaar in ruim, kokend zout water in ca. 7 minuten.
6 Meng de pasta met de saus en verdeel over de borden.

Serveer met de kaas.

Wijnsuggestie: een rijpe dieprode krachtige wijn maar soepel door zijn zachte tannines Borgo di Sena Salento d.o.c. Negroamaro.

KookZaak
KookZaak
KookZaak

KookZaak

De beste spullen voor in de keuken vind je bij KookZaak

Met deze slogan vestigde KookZaak zich in de Wilhelminastraat 35 te Breda. Dé zaak met ervaren en behulpzaam personeel en het grootste assortiment aan handige keukenspullen. Met kwaliteitskookpannen en braadpannen, de beste en mooiste espressomachines en de leukste kookboeken. Na een bezoek aan Kookzaak wil je gegarandeerd meteen de keuken in.

DE KERS OP HET GEBAKJE

"De speelgoedwinkel voor kookliefhebbers", zoals eens een klant de zaak omschreef. KookZaak weet van begin tot eind de zinnen te prikkelen. Onze beroemde 'bakwand' is voorzien van de meest uiteenlopende bakvormen. Zeggen de trotse eigenaren Marianne en Paul. Het merendeel is tegenwoordig van siliconen. Ervaren bakkers bakken niet meer zonder, maar wellicht voor de starter is het even wennen aan het materiaal. De verschillende vormen nodigen dan ook uit om te gaan bakken en kokkerellen. Klassieke tulbandvormen, bloemenvormen, sterren en zelfs beroemde tekenfilmfiguren staan hier bij elkaar. Deze vormen hoef je niet meer in te vetten en je gebruikt ze zowel in de oven, magnetron én vriezer. Als kers op het gebakje kunnen de vormen gewoon in de vaatwasser.

ESPRESSO OF CAPPUCINO

Espressomachines zijn een specialiteit. In KookZaak vindt je het grootste aanbod van Brabant. Met diepgaande kennis en passie kan alles uitgelegd worden over de verschillende soorten machines.
De volautomaat espressomachines maar ook de pistonmachines staan dagelijks startklaar. "Dan kun je meteen proeven wat er wordt bedoeld met een tongstrelende espresso of cappuccino." Diverse soorten koffie kopjes met uiteraard de Illy collectioní en andere aanverwante artikelen met de vele soorten koffiebonen en pergolators zijn aanwezig. Onze espresso afdeling is gewoon erg compleet.

DE GROOTSTE KOOKBOEKENBIBLIOTHEEK VAN BRABANT

Een uitgelezen collectie van ruim 800 kookboektitels staat bij KookZaak op voorraad. Voor beginnende koks zijn er basiskookboeken zoals het Haagse kookboek of KookOok. Voor gevorderde koks zijn er boeken van sterrenrestaurants zoals de Librije, Savelberg of Beluga. Wereldwijd wordt er gekookt en gekokkereld. Een uitgebreide collectie van kookboeken vindt je bij KookZaak. "Je kunt dus meteen aan de slag met je nieuwe pastamachine, pizzasteen, sushimat of rijstkoker."

KookZaak
Wilhelminastraat 35, 4818 SC Breda
(076) 520 04 44
di t/m vr 9.30 tot 18.00 uur;
do tot 21.00 uur; za 9.30 tot 17.00 uur
elke eerste zo v/d maand 12.00 tot 17.00 uur
kookzaak.nl

Aardbeiensorbet karnaval

AARDBEIENSORBET

400 gr aardbeien
sap van 1 citroen
100 ml moscato dessertwijn
120 gr suiker

1 Marineer de aardbeien met citroensap, wijn en suiker voor 20 minuten
2 Maak de aardbeien fijn met behulp van de staafmixer.
3 Draai het ijs af in de ijsmachine.

KARAMELIJS MET AMANDELEN

250 ml melk, 3 eidooiers, 65 gr suiker
100 ml room, 40 gr geroosterde amandelen

1 Caramelliseer de suiker in een pannetje en blus met de melk, breng aan de kook.
2 Klop de eidooiers los en meng 3 eetlepels van de warme melk door de eidooiers. Roer goed, klop de eidooiers vervolgens door de melk en verwarm het mengsel al roerend, maar laat het niet koken.
3 Voeg slagroom toe en draai het ijs af in de ijsmachine.
4 Meng dan met de geroosterde en gehakte amandelen.

GUANDA IJS (8 personen)

75 gr chocolade, puur
40 gr hazelnoten, geroosterd
1 ei
1 eidooier
175 gr suiker
400 ml melk

1 Blender de suiker en de noten redelijk fijn.
2 Verwarm de melk en suiker en los er de chocolade in op.
3 Klop de eieren los en voeg al kloppend de warme melk toe.
4 Verwarm tot er een lichte binding ontstaat, klop koud en draai het ijs af.

Maar ook als u een slowcooker, mengmachine of foodprocessor aanschaft, kan KookZaak er een kookboek bij leveren.

PANNEN & MESSEN

Kwaliteits pannen in alle maten en soorten staan achter in de winkel. Koekenpannen, stoofpannen, kookpannen, steelpannen, snelkookpannen en wokken. Dik gegoten aluminium, koper, rvs of gietijzer. "Een pan is iets persoonlijks, elke pan heeft namelijk andere kook eigenschappen en toepassingen en dan moet je ook nog kijken op welk vuur er gekookt wordt." KookZaak heeft gelukkig deskundig personeel in huis en zorgt ervoor dat je met de juiste pan het pand verlaat.
Wat betreft de messen wordt je geacht het heft in eigen hand te nemen. "Alleen op deze manier kun je bepalen of een mes goed in je hand ligt en of je voorkeur uitgaat naar een ultralicht Global mes of een zwaardere Wusthof Dreizack of een Sabatier."
Dat ook in de keuken goed gereedschap het halve werk is, weten ze bij KookZaak als geen ander. Een goed advies en kwalitatief hoogstaande producten gaan hier hand in hand.
Koksmes, pollepel, keukensloof, rasp, vergiet, wok, aanzetstaal, afvalemmer, garde, espressomachine, koffie. De beste dingen voor in de keuken vind je bij KookZaak.

KUMQUATS

100 gr kumquats
1 dikke plak ananas, schoon
60 gr suiker

1 Was en snij de kumquats in plakjes.
2 Zet ze onder met water en meng met de suiker.
3 Trek dit zeer rustig op een laag vuur voor ca. 1 uur.
4 Snij de ananas in blokjes en voeg bij de kumquats.
5 Gaar dit nog eens ca. 15 minuten verder.

Runderpoulet in rode wijn en sinaasappel

600 gr runderpoulet
4 eetl olijfolie
1 theel roze pepers
6 jeneverbessen, geplet
3 kruidnagels
1 theel zeezout
2 rode uien, in ringen of partjes
4 eetl ontbijtspek, in stukjes
2 sinaasappels, in plakjes
1 fles rode wijn

1 Bak in de olijfolie de poulet mooi bruin.
2 Voeg de spek en ui toe en bak nog even.
3 Voeg de rest van de ingrediënten toe en breng aan de kook.
4 Stoof het gerecht afgedekt gaar op laag vuur in ca. 45 minuten.

Wijnsuggestie: een mooie klassieke en rijpe rode wijn, bij voorkeur dezelfde wijn gebruiken in het gerecht.

Pasta met Serranoham

400 gr verse pasta
4 eetl olijfolie
100 gr Serranoham, vers van het mes
4 takjes salie
4 eetl pijnboompitjes
4 eetl mascarpone
4 eetl gedroogde zontomaatjes, in reepjes

1 Bak in de olijfolie de salieblaadjes krokant samen met de pijnboompitjes.
2 Voeg de tomaatreepjes toe en de mascarpone.
3 Meng dit met de vers gekookte pasta.
4 Verdeel de pasta over de borden en serveer met stukjes Serranoham.

VERSE PASTA MAKEN

100 gr bloem
100 gr grano duro
2 eieren

1 Meng de bloem en eieren tot één geheel.
2 Kneed een stevig deeg en dek dit af, laat ca. 15 minuten rusten.
3 Met de pastamachine maken we dunne pastavellen.
4 Maak van de pastavellen dunne slierten.
5 Hang ze te drogen en kook ze net voor gebruik in ruim kokend zout water ca. 1 minuut.

Wijnsuggestie: niet te zware rode wijn uit Spanje of Italië afhankelijk van de hamsoort die gebruikt wordt.

Echte Bakker Kottier

"Het authentieke proces van broodbakken houden wij hier in ere."

Breda heeft de grootste dichtheid aan Echte Bakkers van heel Nederland. Dit betekent dat het niveau van de bakkers in de stad erg hoog ligt. Volgens Harold en Karin Kottier van Echte Bakker Kottier komt dat omdat de ondernemersdrift groot is en dat leidt automatisch tot meer kwaliteit.

Met twee vestigingen is Echte Bakker Kottier een bekende bakkersonderneming in Breda. Harold en Karin Kottier proberen de traditionele manier van werken in de winkels hoog te houden, zonder veranderingen uit de weg te gaan. "We gaan met de tijd mee, maar het bakproces blijft heilig bij ons. Toch is Kottier niet doorsnee te noemen. De winkel op de Nieuwe Haagdijk is net even een andere bakkerswinkel dan mensen doorgaans gewend zijn. Vooral overzichtelijk en voorzien van een speciale hoek voor belegde broodjes. "De winkeldames hebben veel kennis van zaken, geven advies en voorlichting over producten en specialiteiten en houden contact met de bakkers. Ook onze klanten zien de bakkers aan het werk. Dat zorgt ervoor dat er direct contact met de klant is en er tegelijkertijd heel open wordt gecommuniceerd over wie wij zijn en wat wij doen. Ook dat is iets van deze tijd, maar wat wel heel erg bij ons past", vertelt Karin Kottier.

TRADITIONEEL

Wie als bakker voor zichzelf werkt heeft een groot voordeel, stelt Kottier. "Je wilt voortdurend erkenning en weet dat je bijzondere dingen moet maken om de aandacht op jezelf te vestigen. De kwaliteit van het brood en het assortiment moet van het hoogste niveau zijn. Veel bakkers die voor een baas werken ontbreekt het aan uitdaging. Daarnaast wil ik dat wat wij als Echte Bakker Kottier doen zo authentiek mogelijk is. Het procédé van hoe wij brood maken is traditioneel, ouderwets zelfs. Dat komt tegoed aan smaak, aroma, verteerbaarheid, uitstraling en kleur. Ook al duurt dit proces vier uur, de combinatie van natuurlijke en traditionele grondstoffen en een proces wat al eeuwen hetzelfde is, maakt ons brood net iets bijzonderder."

AVONDMAAL

Advisering is van groot belang, stellen Harold en Karin. "Iedere week geven we onze klanten kleine vierkanten informatiefolders mee. Op de ene kant staat een aantrekkelijke aanbieding en op de andere zijde vertellen we iets interessants over brood. De ene keer gaat het over de voedingswaarde van brood, de andere keer vertellen we een leuk weetje. Hoe dan ook, het gaat altijd in de

Kottier Echte Bakker

Nieuwe Haagdijk 32, 4811 TE Breda

(076) 521 73 60

Openingstijden: ma t/m vr 07.30 tot 18.00 uur;

za 07.30 tot 16.30 uur

kottier.nl

zie pag. 141 voor meer adressen

Hartige broodtaartjes met zalm en broccoli

250 gr broccoli, roosjes geblancheerd
200 gr verse zalmfilet
4 sneetjes oud wit- of bruinbrood
2 eieren
100 ml crème fraîche
100 ml melk
50 gr belegen kaas, geraspt
125 gr kerstomaatjes, gehalveerd
1 eetl sjalot, gesnipperd
2 eetl kruidenmix van basilicum, dille en dragon, gehakt
1 eetl zwarte olijven, grof gehakt
4 eetl olijfolie

1 Bak in de olijfolie de sjalot glazig en voeg de gehalveerde tomaatjes toe.
2 Haal van het vuur en meng met de kruiden en de olijven.
3 Gebruik 4 ingevette bavaroisvormpjes. Leg in elk bakje onderin een plakje brood. Leg hier op de zalm en de geblancheerde broccoli.
4 Hak de rest van het brood fijn en meng deze met de eieren, melk, en crème fraîche, peper en zout.
5 Verdeel dit over de broccoli.
6 Bestrooi met de kaas en bak de taartjes in de oven voor 15 minuten op 180°C.
7 Serveer de taartjes met de lauwwarme saus.

tas, zodat mensen als ze thuis komen en gaan eten de folder gelijk bij de hand hebben. Dat wordt erg gewaardeerd." Naast de extra bewustwording die bij Kottier wordt gestimuleerd, is ook de langzame verandering in trends merkbaar. "Voorzichtig zien we dat mensen steeds meer brood bij het avondeten gaan nuttigen, iets want wij zelf vaak doen. Dat is spannend, wat het biedt voor ons iets nieuws om op in te spelen. Brood met bepaalde kruiden of een typische vulling, die echt geschikt is voor bij het avondeten. Als mensen het in onze zaak proeven, gaat er regelmatig een broodje mee. Natuurlijk geven wij de consument de tijd, maar langzaamaan kun je toch ook het eetgedrag beïnvloeden. Beter gezegd: wij laten de mensen nieuwe dingen proberen."

Wijnsuggestie: een rijk geprononceerde ronde wijn met een filmend karakter.

Notenbrood croutons met linzensalade

4 ovale tomaten
1 komkommer
2 bosuitjes
1 eetl sherryazijn
3 eetl olijfolie
zout
versgemalen peper
1 eetl koriander, fijngehakt
100 gr groene linzen, gaar gekookt
100 gr gemengde sla
6 sneetjes notenbrood
50 gr boter
1 theel curry pasta (toko)

1 Snij de tomaten en komkommer in stukjes.
2 Snij de bosuitjes in ringetjes.
3 Meng de azijn en olijfolie met zout en peper tot een dressing.
4 Meng de linzen met de bosui en koriander door de dressing.
5 Verdeel de gemengde sla over de borden.
6 Verdeel de linzensalade, de tomaat en komkommer erover.
7 Snij het notenbrood in driehoekjes. Verhit de boter in een koekenpan, roer de curry pasta erdoor en bak de driehoekjes brood knapperig bruin.
8 Garneer de salade met de croutons.

Rode uiensoep met blauwschimmelkaas

4 rode uien, in ringen
2 eetl olijfolie
1 eetl bloem
1 liter kruidenbouillon
1 eetl tomatentapenade
1 eetl oregano, gehakt
6 sneetjes Allinson- of volkorenbrood
75 gr blauwschimmelkaas
75 gr geraspte belegen kaas

1 Verhit de olie in een soeppan en bak de ui op hoog vuur bruin, meng met 1 eetl bloem.
2 Roer de bouillon erdoor, voeg de tapenade en oregano toe.
3 Breng de soep aan de kook en laat ze 15 minuten trekken.
4 Verwarm de oven voor op 200°C.
5 Rooster de helft van het brood met de blauwe kaas en de andere helft met de belegen kaas. Snij elke plak middendoor.
6 Verdeel de soep over kommen en geef met het brood.

Maison Moes
Maison Moes
Maison Moes

Maison Moes Slagerij-Traiteur

Verzorgt zelfs uw feestje

"Slagerij én traiteur", zegt Wim Moes nadrukkelijk. Zo'n zeven jaar geleden besloten hij en echtgenote Sandra het vertrouwde concept van de traditionele slagerij te verlaten. Verzorgde maaltijden werden het motto en vandaag de dag is 'outdoor cooking' één van hun specialiteiten. "Nee verkopen of roepen dat er iets niet kan: het zit niet in onze aard".

"Amper drie jaar geleden stonden wij nog niet te koken in de tuinen van klanten, nu wel", zegt Wim. "Outdoor cooking is vandaag de dag megahot, een paar jaar geleden was de klant er nog niet aan toe. De huidige trend is dat er meer wordt uitgegeven aan genieten en lekker eten. Tegelijkertijd zie je dat de slagerij van vroeger – met slechts het hamlapje en de blinde vink – steeds meer op z'n retour is. Ik durf te stellen dat dergelijke slagerijen er over tien jaar niet meer zijn. Wij hebben zelfs een full-time professionele kok in dienst! Dergelijke veranderingen maken deel uit van een proces dat nooit stopt, en waar je altijd op moet anticiperen. Je moet meegroeien met de vraag van de klant: meer genieten, meer gemak en meer smaken. Daar verschillen wij ook duidelijk van andere traiteurs en cateraars in Breda. "Wij hebben echt alles in huis en maken het zelf, andere cateraars komen bij ons inkopen".

FEESTJE

Bij de catering voor het trendy 'outdoor cooking' levert Moes niet alleen de barbecue-pakketten, maar ook het personeel, de stoelen, tafels, tenten, borden en bestek. De ene dag gebracht, de volgende dag retour voor de afwas. Onder het motto 'Mogen wij op uw feestje komen?' slaat Maison Moes dus wederom een nieuwe weg in. "Al vind ik dat voor ons de slagerij niet zonder de traiterie kan, en andersom", meent Wim. Fraai geïllustreerde brochures op de toonbank brengen de particuliere en zakelijke klant in de verleiding om hun feestje inderdaad te laten verzorgen door Moes. Het sfeervolle interieur van de winkel verraadt toewijding en de vele uren die de Moesjes steken in hun liefde voor het vak. Lamsvlees is één van hun vele specialiteiten, maar dan hebben we het wel over weidelammeren afkomstig uit hun eigen achtertuin. "Als je zelf een bedrijf hebt, ben je eigenlijk nooit vrij. Ook 's zondags niet", zegt Wim. Zijn er eigenlijk nog wel grenzen aan de ambities van het echtpaar dat in 1990 begon met een min of meer doorsnee slagerij die inmiddels is uitgegroeid tot een culinaire eetwinkel van formaat? Sandra: "We hebben nog nooit 'nee' gezegd, dat zou ook dom zijn. En natuurlijk hadden

Maison Moes, slagerij-traiteur
Valkeniersplein 13, 4835 RA Breda
(076) 565 58 15
Openingstijden: ma 11.00 tot 18.30 uur;
di t/m vr 09.00 tot 18.30 uur;
za 09.00 tot 17.00 uur

Varkenshaas in kruidenkorst

4 stuks varkenshaas
2 eetl sjalot, gesnipperd
2 knoflooktenen, gehakt
4 eetl peterselie, gehakt
1 theel tijmblaadjes
4 sneetjes oud brood, zonder korst
2 gezouten ansjovisfilets, fijngehakt
1 eetl Dijon dragon mosterd, of andere scherpe mosterd
1 eetl boter
2 eetl olijfolie

1 Bak de sjalot met de knoflook en ansjovis in de olijfolie glazig.
2 Voeg de peterselie en tijm toe en haal van het vuur.
3 Blend in de keukenmachine het brood fijn met de peterselie.
4 Breng de kruidenkorst op smaak met peper en zout.
5 Bak de varkenshaas stuk voor stuk bruin in de boter binnen 1 minuut.
6 Smeer de varkenshaas in met de mosterd en dan met de kruidenkorst.
7 Gaar deze verder op 140°C voor ca. 16 minuten.
8 Snij het vlees in plakjes en serveer met geroosterde paprika en pecorinosaus.

PECORINOSAUS

2 eetl pecorino, geschaafd
100 ml witte wijn
1 eetl sjalot, gesnipperd
1 eetl boter
3 eetl slagroom

1 Kook de wijn met de sjalot in tot de wijn bijna verdampt is.
2 Meng met de room en boter en kook dit op en meng met de kaas, serveer de saus bij het gerecht.

we in 1990 nooit kunnen voorspellen dat het zou zo lopen, maar misschien wel stilletjes gehoopt. We zijn met zijn tweetjes begonnen, zijn nu met 13 man en in de tussentijd zijn we voortdurend gegroeid. Dus eigenlijk van slager naar kok én slager."

VALKENIERSPLEIN

Lekker zelf koken als hobby, met een bezoek aan de traiteur. Jazeker, als hobby-kok kun je een deel van jouw menu kopen: een stukje vlees of een salade bijvoorbeeld. En de open ingang van Maison Moes (je loopt als het ware automatisch de winkel in die naadloos aansluit op het trottoir) nodigt daar zeker toe uit. De vitrine aan de voorzijde van de winkel is duidelijk een publiekstrekker met tapas en andere exotische gerechten op de eerste rij. "We hebben zelfs klanten die bijna iedere dag langs komen", zegt Wim. "Wat dat betreft is de locatie Valkeniersplein een perfecte plek. Mensen willen vers en goed eten. En dan ben je bij ons aan het juiste adres!".

Wijnsuggestie: een stevige rode wijn type Côtes-du-Rhône, Languedoc-Roussillon of een kruidige Shiraz uit de Nieuwe Wereld.

Lamsfilet met dille en venkel

4 stuks lamsrugfilet
300 ml lamsfond
2 eetl sjalot, gesnipperd
200 ml rode wijn
2 eetl balsamico-azijn
5 eetl olijfolie
8 takjes dille

1 Kook de sjalot in met de wijn en azijn tot het vocht verdwenen is.
2 Kook de fond in tot 100 ml, meng met de sjalot.
3 Meng 4 eetl olijfolie met de dille en blend deze fijn met de staafmixer.
4 Verhit een pan zonder vet, als de pan heet is smeer ze dan in met olijfolie.
5 Rooster hierin de lamsfilets om en om bruin.
6 Gaar de lamsfilets verder in een oven op 200°C voor ca. 5 minuten.
7 Haal ze uit de oven en laat ze in aluminiumfolie nog eens 5 minuten tot rust komen op een lauwe plek.
8 Breng de lamsfilets op smaak met peper en zout en serveer ze op de groente.
9 Besprenkel ze met de dille olie en de saus.

AARDAPPELKOEKJES MET VENKEL

4 aardappels, schoon
2 plakjes coppa, in fijne reepjes
2 venkelknollen
2 eetl olijfolie
2 eetl boter

1 Snij de venkelknollen van boven naar beneden doormidden.
2 Snij de schillen los, was en droog ze.
3 Bestrijk deze met olijfolie en rooster ze bruin in een oven van 200°C in 15 minuten.
4 Rasp de aardappels en smelt de boter.
5 Meng de aardappel, coppareepjes, en boter met peper en zout.
6 Verdeel dit in 8 koekjes op bakpapier en rooster ze in een oven van 200°C in ca. 20 minuten gaar en bruin.

Wijnsuggestie: rode Zuid-Italiaanse of Siciliaanse wijn.

Hertenbiefstuk en cranberries

4 hertenbiefstukjes, met een plakje spek gebardeerd
2 eetl boter
100 gr cranberries
4 eetl rietsuiker
2 mandarijnen, sap en rasp
2 eetl rode port
2 mandarijnen, heel

1 Meng de cranberries met de suiker, mandarijnensap en rasp en de port.
2 Breng aan de kook en laat dit rustig garen voor ca. 20 minuten.
3 Schil met een mes de twee hele mandarijnen zodat de schil en het wit direct verwijdert worden. Snij dan de partjes los.
4 Meng dit voorzichtig met de afgekoelde cranberrysaus.
5 Bak de hertenbiefstuk in de boter om en om bruin.
6 Gaar ze ca. 8 minuten in een oven van 100°C tot de gewenste gaarheid.
7 Bestrooi ze met peper en zout en serveer met de saus en wat gebakken andijvie.

Tip: Voor een zomers accent kun je wat gehakte munt door de saus mengen.

Wijnsuggestie: een goede rode wijn type Cabernet-Sauvignon (Haut-Médoc, Pessac-Léognan of topwijn uit Nieuwe Wereld), Pomerol, Barolo, Brunello de Montalcino of de betere rode Rioja.

Maré
Maré
Maré

Maré pâtisserie-chocolaterie

Een stukje België in Nederland

Voor het luxere segment van de pâtisserie moet u bij Maré zijn. De pâtissier vernieuwt continu en zijn producten wisselen met de seizoenen. Bestelde taarten krijgen een persoonlijk tintje en zijn bekend tot in de wijde omtrek.

Nee, ze zijn geen familie van Maree, de componist van het Bredase volkslied. De naam is een samentrekking van onze voornamen Marica en Remco, vertelt Marica Dekker van Maré pâtissier-chocolaterie aan de Wilhelminastraat. "Dat streepje hebben we erop gezet om de zaak een Frans tintje te geven. Het genre dat we maken is namelijk Frans-Belgisch. Het luxere segment van de banketbakker".

Marica verzorgt de winkel en Remco de pâtisserie. Marica spreekt liever over een kunstenaar in zijn atelier. De pâtisserie heeft een vaste kracht in dienst en twee stagiaires.

"Wij onderscheiden ons door een eigen koers te varen. Niet continu kijken bij anderen hoe die het doen. Maar zelf vooruitdenken over wat leuk is. Met bepaalde technieken zoals gevouwen chocola over taarten waren wij een van de eersten."

STEEDS VERNIEUWEN

Maré wil voor de stoet uitlopen. Dat blijkt ook wel uit het formaat gebakjes. "Toen we hier kwamen, acht jaar geleden, brachten we kleinere gebakjes. Dat was nieuw voor de Nederlanders die van die grote slagroompunten gewend zijn. Nu willen ze niets anders".

Ze zijn creatief bij Maré. Van iets gewoons maken ze altijd iets bijzonders. Roomsoesjes worden in de winkel verkocht als Bredase koepeltjes. "Een slagroomsoesje gevangen in een mousse van chocolade", verklaart Marica.

Ze blijven vernieuwen. De smaken wisselen met de seizoenen. Bij de lente en de zomer passen frisse fruitige smaken, zoals citroen. "We hebben trouwens een leuk nieuw gebakje met kalamansi, een Indonesische limoen. De smaak is moeilijk te omschrijven, maar waar limoen wat bitter smaakt heeft kalamansi meer iets uitgesproken kruidigs".

Met de herfst worden veel noten verwerkt en richting wintermaanden zit er meer chocolade in het gebak. "Met Kerst en Oud & nieuw zijn er veel champagne-achtige smaken. Dan wil men de wat chiquere dingen op tafel zetten, zoals onze dessertgebakjes".

"Niet alleen mensen met een dikke portemonnee komen hier over de vloer. Zo langzamerhand weet heel Breda ons te vinden. Dat is erg leuk".

Maré pâtisserie-chocolaterie
Wilhelminastraat 14, 4818 SG Breda
(076) 5204204
Openingstijden: di, wo en vr 08.30 tot 18.00 uur; do 08.30 tot 21.00 uur; za 08.30 tot 17.00 uur
marepatisserie.nl

BOON COOK
espresso

VOOR SPECIALE GELEGENHEDEN

Klanten komen vooral naar de zaak voor taarten bij speciale gelegenheden, zoals communiefeesten, jubilea of trouwerijen. "We doen erg veel in bruidstaarten. Normaal kiest men bij een bakker uit zes of zeven plaatjes in een boek. Bij ons gaat dat anders. We nemen er ruim de tijd voor, leggen alle mogelijkheden op tafel en laten het bruidspaar proeven. Samen met het bruidspaar ontwerpen we hun eigen taart, zodat het een persoonlijk verhaal wordt. Die klantgerichtheid en service is onze grote kracht".

Remco kan alles maken, zegt Marica trots. Dat komt omdat hij tien jaar heeft rondgekeken bij patissiers in heel Europa. "Als iemand een typisch Frans citroentaartje wil, dan kan dat, omdat Remco dat in Frankrijk heeft geleerd".

De zaak van Remco en Marica is uniek. Hier zijn er misschien vier of vijf van in heel het land. Eigenlijk is het een stukje België in Nederland. "Er zit enorme groei in. Elk jaar krijgen we het drukker. Steeds meer horecazaken in de stad weten ons te vinden. Ook leveren we aan Holland Casino. Bij speciale gelegenheden willen ze gebakjes met hun logo erop".

De afdeling chocolaterie groeit eveneens. Naast huisgemaakte bonbons komen er chocoladeletters rond Sinterklaas en paashazen met Pasen. "In het verleden maakte Remco tussendoor grote showstukken voor in de etalage, zoals heksenmaskers van chocola of een hoorn des overvloeds waar bonbons uitlopen. Dat is natuurlijk super".

HIGH-TEA

Ook buiten Breda is Maré inmiddels een begrip aan het worden. Er komen bestellingen uit de hele regio, van Zeeland tot Eindhoven. "Schijnbaar verspreidt het toch via de tamtam" Dat is dan wel een moderne tamtam. De pâtissier heeft sinds drie jaar een drukbezochte website (www.marepatisserie.nl). Ook kun je bij Maré terecht voor een compleet verzorgde high-tea. "Die kun je hier ophalen of thuis laten bezorgen. Wij leveren alles, tot en met sandwiches, scones en etagières. Indien nodig leveren we er zelfs een pakje thee los bij".

Espresso anglaise

100 ml espresso-koffie
1-2 eetl suiker
5 eidooiers
30 gr suiker
4 gr gelatinepoeder
200 ml slagroom
1 reep pure chocolade (40 gr) of amandelkoekjes

1 De suiker en koffie samen in de pan op het vuur zetten en verhitten tot 85°C.
2 De eidooiers, gelatine en suiker luchtig kloppen en de hete koffie daar aan toevoegen en al kloppend verhitten tot 80°C. De massa koud kloppen.
3 Dan de opgeklopte slagroom er doorheen spatelen.
4 Kleine waterglaasje vullen met de koffiemousse halverwege stukjes geraspte chocolade erin en dan verder afvullen en bovenop ook decoreren met geraspte chocolade.

Wijnsuggestie: een mousserende wijn met amandellikeur, Muscat de Rivesaltes of Muscat de Beaumes de Venise (zoet wit), Vin de Paille (halfzoet belegen wit).

Tarte au Framboise

PÂTE BRISÉE

450 gr roomboter
380 gr basterdsuiker
1 ei
7 gr zout
15 gr citroenrasp
450 gr Zeeuwse bloem
280 gr patentbloem
23 gr bakpoeder
5 gr koolzuur

1 Boter, basterdsuiker, zout en citroenrasp mengen tot het glad is.
2 Het ei toevoegen en weer glad draaien. Dan alle andere ingrediënten toevoegen.
3 Het deeg koelen en 1,5 uur laten opstijven en vervolgens uitrollen op 2 mm dikte.
4 Het uitgerolde deeg in een lage bakvorm leggen en bakken in een oven van 175 °C tot het gaar is in circa 10 à 15 minuten.
5 Vervolgens maakt u vanillebavarois van het marsepeintaartje.
6 Dan neemt u 4 blaadjes gelatine die u in koud water weekt dan uit water halen en smelten in een pan, daar de helft van de bavarois aan toevoegen en zorgen dat de massa handwarm is.
7 Dan de andere helft van de gele room toevoegen en vervolgens 400 ml opgeklopte ongezoete slagroom er luchtig doorheen spatelen.
8 Op de afgekoelde bodem spuit je een laagje van deze Zwitserse room en dan zet je vervolgens 3 doosjes verse frambozen keurig netjes rondom en naast elkaar in de Zwitserse room.

Wijnsuggestie: Orange Muscat uit Californië Muscat de Rivesaltes (zoet wit), Ste-Croix-du-Mont (zoet wit).

Marsepeintaart met kastanjes

VANILLEBAVAROISE

50 gr suiker
5 dooiers
1 vanillestokje
250 ml melk
750 ml room, lobbig geslagen
12 gr gelatinepoeder
100 gr gekonfijte kastanjes

1 Verhit de melk en suiker met het gespleten vanillestokje. Trek 20 minuten.
2 Verwijder het vanillestokje maar voeg het merg terug bij de melk.
3 Klop de melk met de eidooiers en gelatine warm en luchtig. Klop dan weer koud. Meng dan met de lobbige room.

Wijnsuggestie: Banyuls, Pineau de Charentes, Vin Santo.

CHOCOLADEMOUSSE

175 gr suiker
85 ml water
175 gr eidooiers
375 gr extra bittere chocolade, 75% cacao
875 ml room, lobbig geslagen

1 Verhit water en suiker met de eieren en klop dit luchtig. Klop dit weer koud.
2 Verwarm de chocolade tot 45°C.
3 ⅔ van de lobbige room bij het eimengsel doen maar nog niet mengen.
4 ⅓ bij de warme chocolade voegen en kort mengen dan alles samenvoegen en luchtig maar snel door elkaar mengen.
5 De chocolademousse in de hoge ring storten, binnenin vullen met vanillebavaroise en daarin grove stukjes gekonfijte kastanjes en laten op stijven.
6 Taart lossen uit de ring en bekleden met marsepein en decoreren.

vishandel Noordzee

vishandel Noordzee

Vishandel Noordzee

"Voortdurend inspelen op trends."

Nog niet zo heel lang geleden telde de Bredase binnenstad maar liefst zeven viswinkels. Anno 2007 is er nog maar één: vishandel Noordzee aan de Nieuwe Ginnekenstraat. Voortdurende innovatie zorgde ervoor dat de zaak meeging met zijn tijd. Het klassieke assortiment bestaande uit het stukje gebakken vis en het harinkje werd gaandeweg uitgebreid met tapas en allerlei exotische vissoorten.

TRENDS

Al in 1987, twee jaar na de start van Noordzee, verkocht de winkel maaltijden en zelf bereide vissoepen, vertelt eigenaar Bert Loonen. Opa Loonen was visboer en vader Loonen trad op vijftigjarige leeftijd in zijn voetspoor. Ook zij gingen voortdurend mee op de golven van de tijd. Moeiteloos schudt de derde-generatie vishandelaar Loonen junior de hedendaagse trends voor de komende jaren uit de mouw: stoven en stomen, een toenemende vraag naar maaltijdcomponenten en de opmars van mediterrane vissoorten. "Wij verkopen onder andere vis, schelp- en schaaldieren uit Italië, Spanje en Griekenland. Spaghetti met krab, een gerecht dat kan worden gegeten als een koude pastasalade, is een goed voorbeeld van hoe wij inspelen op die vraag naar Zuid-Europese producten. Dat is ook de reden dat wij soorten verkopen die nog niet zo lang geleden nergens in ons land verkrijgbaar waren, zoals zwaardvis, tonijn en zeebaars. Wij verkopen ook vongolé verací, Italiaanse venusschelpen die worden gekweekt op grind zodat je geen last hebt van een zandsmaak".

Ook de bont gekleurde vitrines van Noordzee tonen duidelijk de Zuid-Europese invloed. De Spaanse tapas liggen broederlijk naast de Griekse tarama, de Italiaanse zeevruchten in balsamico en de zalm-pomodori taart. De seizoensgebonden gerechten zoals gemarineerde vis voor op de barbecue, ontbreken evenmin.

KNUS

Grote vrachtwagens uit Scheveningen, Yerseke en Urk bevoorraden elke nacht de vitrines en opslagruimten van Noordzee. De vishandel levert ook aan de horeca. Wijd en zijd staat de knusse winkel bekend om zijn verse producten en het deskundige personeel dat iedere klant vakkundig adviseert. Het gaat dus goed met de zaak. Toch moet Loonen wel iets van het hart: "Ondanks het feit dat Nederland de grootste visnatie is ter wereld, eten we het met z'n allen maar weinig. Dat is jammer, omdat het zo goed is voor de gezondheid", zegt Loonen. "De meest vette vis bevat

Vishandel Noordzee
Nieuwe Ginnekenstraat 8, 4811 NR Breda
(076) 521 57 77
Openingstijden: di t/m vr 09.00 tot 18.00 uur;
za 09.00 tot 17.00 uur
noordzeevis.nl

nog steeds minder calorieën dan het magerste vlees. Bovendien bevat vis goede vetten de zogenoemde omega-3 vetzuren."

TOP KWALITEIT

Veel trouwe klanten komen hier omdat het assortiment uitgebreid is en van topkwaliteit. En ze worden voorzien van advies. Een andere trend – ook al wordt er nog steeds wel een harinkje gehapt en blijft vrijdag visdag – is dat de verkoop op zaterdagen aantrekt. Dan doen meestal de mannen boodschappen, zij zijn op zoek naar die speciale vis, maar sommige vissoorten zijn niet makkelijk klaar te maken en daarom adviseren wij natuurlijk ook hén graag over het hoe en waarom".

MAALTIJDCOMPONENTEN

Terug naar de trends voor de komende jaren: de vraag naar maaltijdcomponenten en de toenemende interesse voor stoven en stomen. "Stomen van de vis is beter omdat de smaak in de vis blijft en niet verdwijnt in het vocht. En wat betreft die maaltijdcomponenten: gemak dient de mens. Zeker jongeren staan gemiddeld steeds korter in de keuken. En niemand wil vandaag de dag een complete vis op z'n bord hebben tenzij het bijvoorbeeld een zeebaars is. We verkopen sinds kort kant-en-klare gerechten voor de oven in speciale bakjes die een temperatuur kunnen verdragen van 220 graden. Ook maken wij zelf diverse stoof- en wokschotels.

Salt and pepper garnalen

1kg gepelde rauwe garnalen (of gepelde langoustinestaarten)
1 eetl Chinese vijfkruidenpoeder
1 eetl gekneusde peperkorrels
2 eetl zeezout
2 eetl olijfolie

1. Rooster het zeezout in een droge pan een paar minuten om te kleuren en voeg dan het vijfkruidenpoeder toe en de gekneusde peper, verhit dit even mee en laat het dan afkoelen.
2. Intussen de garnalen grillen of bakken in de pan met de olie in ca. 1 minuut.
3. Voeg het peper- en zoutmengsel toe en bak alles nog even een minuutje door.
4. De garnalen zijn gaar als deze roze gekleurd zijn.
5. Serveer dit met limoenpartjes.

Wijnsuggestie: een strakke fris witte droge wijn Vin de Pays du Jardin Sauvignon.

Pasta met krab

225 gr gekookte spaghetti, of nog lekkerder, spagettini
200 gr krabvlees (vers of uit blik)
2 sinaasappels, partjes
1 mango, partjes
2 eetl munt, gehakt
50 gr amandelen, geroosterd

dressing:
1 peer
4 eetl walnotenolie
2 eetl olijfolie
1 theel frambozenazijn

1 Doe de gekookte pasta in een kom en voeg er het krabvlees aan toe, samen met de sinaasappelpartjes, mango, gehakte munt en amandelen.
2 Schil de peer voor de dressing en verwijder het klokhuis
3 Doe de peer in een keukenmachine en giet er al draaiend de walnotenolie en de olijfolie toe.
4 Voeg dan de azijn toe en breng op smaak met peper en zout.
5 Voeg de dressing toe aan de pasta en roer alles losjes door.

Wijnsuggestie: een rijke en geprononceerde witte wijn.

Tonijn met pikante tomaat

4 stuks tonijnfilet à 125 gr
1 rode paprika, in fijne repen
2 ovale tomaten, zaadloos in fijne blokjes
1 rode peper, zaadloos gehakt
2 eetl peterselie, gehakt
2 knoflooktenen, gehakt
1 eetl sjalot, gesnipperd
4 eetl olijfolie
zeezout & vers gemalen zwarte peper
150 gr champignons, in plakjes
2 eetl olijfolie

1 Bak in een pan de sjalot en de knoflook in de olijfolie glazig.
2 Voeg de peper en de paprika toe, bak nog 2-3 minuten.
3 Bak in een andere pan de tonijnfilets om en om bruin in ca. 1-2 minuten.
4 Bedek er de tonijn mee, bestrooi met de tomaatblokjes en gaar in een oven van 120°C voor ca. 6 minuten.
5 Bak ondertussen de champignons en serveer hierop de tonijn.

Serveer eventueel met een risotto.

Wijnsuggestie: licht gekoelde rode wijn met ronde sappige tonen en aroma's van rijke rode vruchtjes, Vin du Pays du Comté Tolosan; Lekkerbekkie.

Nooren

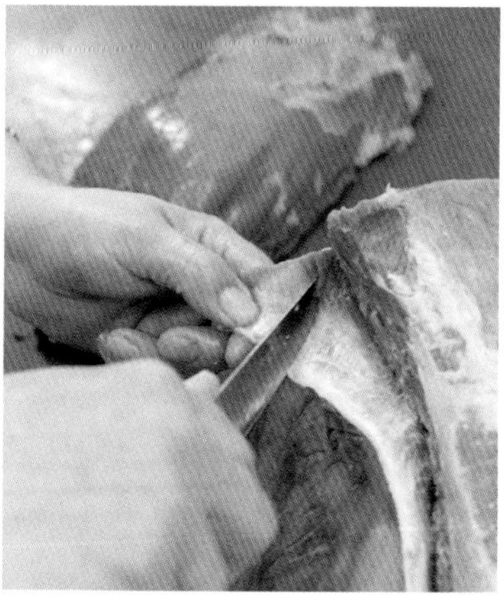

Slagerij-Traiteur Nooren

Waar het ambachtelijke hoog in het vaandel staat

Niet iedere slager is dezelfde. Bij Nooren in Princenhage weten ze daar hun voordeel mee te doen. Door zes generaties te vertalen in een moderne maar ambachtelijke manier van werken, weet Nooren zich te verheffen tot speciaalzaak.

De wijk Princenhage vormt in Breda bijna een dorp op zich. Er heerst altijd een gezellige sfeer, waarbij de mentaliteit van 'ons kent ons' duidelijk aanwezig is. De winkeliers op en om de Haagsemarkt zijn hier goed op ingespeeld. Zo ook Slagerij Traiteur Nooren, waar Walter Nooren de zesde generatie ambachtelijke slagers vertegenwoordigt. "We zijn inmiddels 144 jaar actief en zijn, met uitzondering van een korte periode op de Haagweg, altijd op de Haagsemarkt gevestigd geweest. Het feit dat we hier al zo ontzettend lang zitten zorgt voor herkenbaarheid. Kinderen die bij ons vroeger een plakje worst kregen, die later naar de Randstad zijn verhuisd voor hun werk en nu weer terugkeren om opnieuw in Breda te gaan wonen, weten ons als vanouds te vinden. Dat wordt gewaardeerd."

GOED STUK VLEES

Generaties zijn vertegenwoordigd in de winkel van Nooren, zowel achter als voor de toonbank. "Ik durf gerust te stellen dat ik van veel klanten een stukje geschiedenis ken. Maar naast je klanten kennen is service en assortiment minstens net zo belangrijk. Qua service proberen we heel ver te gaan. Mensen willen tegenwoordig steeds meer nieuwe dingen proberen. Ze komen echt voor een goed stuk vlees en wensen advies over de bereidingswijze en extra mogelijkheden. De kennis en ervaring van meer dan honderd jaar komen daarin altijd tot uiting." Nooren trekt de liefhebbers aan, mensen die van een heerlijk stukje vlees houden, wat op voorhand al met liefde is bereid. "Dat merk je als je in de keuken staat en het vlees uitpakt", aldus Nooren.

BREED ASSORTIMENT

De service van Nooren vertaalt zich ook naar het inspelen op trends. Waar vroeger de meer bijzondere en grotere stukken vlees voor de feestdagen werden bewaard, ziet Nooren op dat vlak een verschuiving. " Het is inmiddels alweer enkele jaren in zwang om een mooi stuk rosbief, grote rollades en lamsbouten te nuttigen, met grote groepen, aan een mooi gedekte tafel. Daar hoeft het geen feestdag meer voor te zijn. Mensen willen genieten en nemen er in het weekend de tijd voor om met vrienden en familie een mooi maal op tafel te zetten. Daarom verlangen

Slagerij Traiteur Nooren
Haagsemarkt 28, 4813 BB Breda
(076) 521 10 40
Openingstijden: di t/m vr 08.00 tot 18.00 uur;
za 08.00 tot 16.00 uur
nooren-breda.nl

Pepper roastbeef

700 gr runderzijlende aan 1 stuk
4 eetl zwarte peperkorrels, fijngestampt
4 sjalotjes, in partjes
8 knoflooktenen, geplet
150 ml rode wijn
150 ml rode port
1 bakje cherrytomaatjes, in partjes

1 Bak de lende in een zware, hete pan met weinig olijfolie snel om en om bruin.
2 Wentel ze dan door de gekneusde peperkorrels en plaats ze in een ovenschaal.
3 Bak met wat olijfolie de sjalot en de knoflook, blus met de wijn en port en doe dit in de ovenschaal samen met de tomaatjes.
4 Gaar dit 25 minuten op 140°C of langer indien je het vlees meer rosé wilt hebben.
5 Serveer de roast dun gesneden met de tomaatjes en de saus en wat fijn zeezout.

Tip: Zet de oven op een kier en zet de thermostaat uit. Laat het vlees zo rusten en je hebt zeker nog een kwartier de tijd om je gerecht te serveren. Gebruik wel voor verwarmde borden.

Wijnsuggestie: een rode wijn met complexiteit en rijpe tonen, Bordeaux, nieuwe wereld, zoals Chili, Australie, Nieuw-Zeeland.

onze klanten een breed assortiment. Onze klassiek-modern ingerichte winkel leent zich daar goed voor."

ERVAREN

Een uitnodigende uitstraling, gecombineerd met een overdaad aan spijzen: dat maakt dat Nooren een uitzondering vormt op andere slagers. "Het ambachtelijke staat hier hoog in het vaandel. Kwaliteit komt voor de prijs. Daarom selecteer ik zelf het vlees en snijden wij alles zelf, zodat ik zelf het gevoel van het vlees heb ervaren voor het in de toonbank wordt gelegd. Als ik iets verkoop aan een klant weet ik wat hij of zij krijgt. Op verzoek kan ik alle vleessoorten leveren, maar wij hebben zelf al vrijwel alles in huis liggen." De keuze voor de buurtsuper of de speciaalzaak is volgens Nooren snel gemaakt. De prijs is nagenoeg hetzelfde, maar kwaliteit proef je er meteen aan af. Het is zonde als mensen hun kans op een mooi stukje vlees dan laten liggen."

Lamskroon

Naar klassieke traditie bereide lamskroon (spinnenkop) van lamsrug.

Neem voor 4 personen een zware lamsrack van 8 coteletten.

1 Hollands lamsrack
2 tak salie
2 tak rozemarijn
2 tak tijm of oregano
knoflook
zeezout en zwarte gemalen peper

Wijnsuggestie: een kruidige rijpe rode wijn van de Pinot Noir druif, een Rhône wijn of Spatburgunder uit Duitsland of Oostenrijk.

1 Snij het vet van de racks wat zit op het vlees bevind, maar niet van de ribben.
2 Snij dit vet in ruitvorm en marineer met peper en zout en de provencaalse kruiden. (Mocht u niet zo van dit vet houden dan kunt u hier ook gehakt gebruiken.)
3 Bind het vlees op zodat de ribben aan de buitenkant staan en de kruiden binnenin.
4 Bedek de ribben met wat folie zodat deze niet verbranden in de oven.
5 Zet de kroon in een ovenschaal samen met stukken aardappel en gehalveerde knoflook.
6 Zet de kroon in de oven op 220°C voor 10 minuten. Draai dan de oven terug naar 150°C en bak de kroon voor nog 30 minuten.
7 Serveer de kroon met de knoflook en de aardappels.

Kalfslende uit de oven

700 gr dunne kalfslende
2 eetl boter
200 gr haricots verts
2 eetl olijfolie
2 eetl ontbijtspek, gehakt
1 eetl sjalot, gesnipperd

1 Verwarm de oven op 220°C.
2 Plaats er de kalfslende in op een ovenschaal, bedekt met de boter.
3 Zet na tien minuten de oven op 140°C.
4 Gaar nu nog voor circa 30-45 minuten, af en toe bedruipen met de braadjus.
5 Kook de haricots 1 minuut in ruim kokend zout water, spoel ze koud.
6 Bak het spek met de sjalot glazig en voeg de boontjes toe.

Serveer met plakjes van de kalfslende, peper en zout en de jus.

Wijnsuggestie: een volle krachtige witte wijn of stevige Rosé en lichte rode wijn, Cru uit de Beaujolais kunnen een weldaad zijn bij dit gerecht.

GY SIET MY AEN EN
KUNT NIETS HOOREN
TREE MAER IN HUYS
WY KOMEN VOREN

EIERKOEKEN

ZEEBONK
MUESLIBROOD

Pol van den Bogaert De echte Bakker

Innoveren zonder het ambachtelijke te verliezen

In Princenhage is Echte Bakker Pol van den Bogaert een begrip. De bakker stelt zich al jaren dienstbaar op, vooral door te innoveren en de tradities niet uit het oog te verliezen. Daarom komen ze van ver voor de worstenbroodjes en eigengemaakte peperkoek.

In 1911 opende de overgrootvader van Paul van den Bogaert in Prinsenbeek zijn bakkerij. Inmiddels is na ruim 86 jaar de vierde generatie actief binnen het bedrijf, dat in de loop der jaren zijn definitieve plek vond aan de Haagse Markt in Princenhage. "Er is sindsdien zo ontzettend veel veranderd. Dat is het mooie aan dit vak: de geleidelijke veranderingen, waar je als ondernemer je stempel op kunt zetten." Paul van den Bogaert praat honderduit over zijn bedrijf en de branche waarin hij werkt. Gesteund door zijn vrouw Talita, die zelf ook in de bakkerij werkt, vormt het duo een waterval aan enthousiasme. "Wij houden van ons vak en dat proberen we in alles te tonen. Door klantvriendelijkheid, advies, uitstraling van de winkel en vooral natuurlijk de smaak van het brood. Want in Breda ligt het niveau erg hoog. Gelukkig kunnen we dat volhouden, want tijdens de controles die twee keer per maand plaatsvinden eindigen we altijd hoog op de ranglijst", aldus Van den Bogaert.

BAKPROCES

Een groot assortiment, dat niet alleen erg uitgebreid is, maar eveneens veel soorten brood kent. Daar schuilt volgens Paul een belangrijk deel van de kracht van zijn zaak in. "Ook het ambachtelijke bakproces en het feit dat we vrijwel alles zelf maken. Ter verduidelijking: ook de roggebroodjes en peperkoek zijn bij ons vers." Talita vult aan: "Dat is zeker de drijvende kracht achter het succes van onze winkel. Daarnaast houden we de dorpsmentaliteit die hier heerst in ere. Toch betekent dit niet dat we een traditionele indeling van de winkel hebben. Die is toch wel modern te noemen. Op de platte tv's die hier hangen, tonen we beelden vanuit de bakkerij achter de winkel. Verder is alles open ingedeeld en wil Paul het liefste naar een compleet nieuwe manier van presenteren overgaan."

ENTHOUSIAST

Inmiddels heeft de winkel een vlaaienhoek en werkt Paul aan plannen om zijn trots rondom het assortiment ook duidelijk in de winkel te etaleren. "Ik wil het brood zo presenteren dat mensen echt zelf kunnen aanwijzen welk broodje ze willen. Bij binnenkomst zie je een klant zich altijd even oriënteren. De keuze om vier appelflappen

Echte Bakker Pol van den Bogaert
Haagsemarkt 33, 4813 BB Breda
(076) 521 13 40
Openingstijden:
di t/m vr 8.30 tot 18.00 uur;
vr tot 19.00 uur, za van 8.00 tot 17.00 uur

Bruschetta met gemengde geroosterde groenten

1 Vermeerbrood
extra vierge olijfolie
peper en zout
½ knolvenkel, de stugge buitenste blaadjes verwijderd
½ gele paprika, de pitjes verwijderd
1 rode paprika, gehalveerd, de pitjes verwijderd
½ courgette, in de lengte gehalveerd, de pitjes verwijderd
1 theel gedroogde oregano
1 knoflookteen
½ tomaat

1 Snij de venkel en de paprika's in 2,5 cm grote stukjes en snij de courgette in plakjes.
2 Hussel de groenten met de oregano en een flinke scheut olijfolie, voeg peper en zout naar smaak toe.
3 Leg alle groenten op een bakplaat en bak ze ongeveer een half uur in de oven op 200°C tot alles mooi goudbruin is.
4 Snij het brood doormidden en vervolgens in 8 sneden brood van circa 1 cm dik.
5 Rooster de sneetjes kort op een grillpan of in de oven onder de grill tot de buitenkant licht krokant is.
6 Wrijf de sneetjes wanneer zij nog warm zijn in met een doorgesneden teentje knoflook en een halve tomaat.
7 Besprenkel ze met wat olijfolie en zeezout.
8 Haal de groenten uit de oven en verdeel op het brood.

Tip: Snij het brood wat kleiner als het als tapahapje bedoeld is.

te bestellen komt geregeld voort uit die ene appelflap die er voor zijn of haar gevoel overheerlijk uitziet. Ik wil mijn toonbank zo maken dat er voortaan heel gemakkelijk gezegd kan worden wie welk broodje wil. Zo creëer je een band tussen je klanten en je producten." Een andere manier om dit te veroorzaken zijn de open dagen die Paul en Talita geregeld organiseren. "Wij laten graag zien waar we mee bezig zijn, wat de plannen zijn en wat onze klanten kunnen verwachten van ons. Maar ook hoe we die broodjes maken, waar ze zo enthousiast over zijn."

BUITENLAND

Trends in brood zijn er eigenlijk niet, stelt Paul. "Je hebt tendensen die je heel langzaam op ziet komen. Mensen gaan steeds smeer brood in de avond eten, in plaats van alleen in de ochtenduren of tussen de middag. Dat is niet echt een trend te nomen, maar meer een ontwikkeling. In het buitenland is het heel normaal om brood bij het avondeten te eten. Hier komt dat ook steeds meer voor. Uiteindelijk zullen we door onze ervaringen op vakantie dus zelf ook bepaalde gebruiken overnemen. Het eten van brood hoort daar absoluut bij."

Sandwich al tonno

1 Toscaans brood (Italiaans maïsbrood)
2 blikjes tonijn, op olijfolie
1 theel groene pepertjes
1 theel kappertjes
1 eetl rode ui, gesnipperd
2 eetl mayonaise
100 gr rucola of veldsla
6 gedroogde tomaatjes

1 Maak de tonijn aan met een fijn gesneden ui, kappertjes en groene peper.
2 Snij het brood in plakken van één centimeter en bestrijk 4 plakken met wat mayonaise.
3 Strooi hier de gesneden gedroogde tomaten en de rucola over.
4 Bedek weer met een snee brood.
5 Besprenkel deze met olijfolie, peper en zout.
6 Leg er de tonijn op en dek weer af met een snede brood.
7 Steek steeds 2 prikkers in elke sandwich en snij deze doormidden.

Serveer met een servetje.

Vers fruittaart

TAARTBODEMDEEG
250 gr bloem
200 gr boter
80 gr kristalsuiker
2 eidooiers
bloem om te bestuiven
snufje zout en vanillesuiker

1 Bloem als een bergje op de werkbank leggen met een kuiltje erin.
2 Leg hierin de stukjes boter, de eidooiers, suiker, zout en vanillesuiker.
3 Meng met de vingers tot een rullig deeg en kneed snel tot een bol.
4 Dek dit af met plasticfolie en laat dit in de koelkast opstijven voor ca. een uur.

FRANGIPANE (VULLING)
100 gr amandelspijs
5 gr citroenrasp
2 eetl boter
2 eidooiers
75 ml banketbakkersroom
75 ml room

1 200 gram taartbodemdeeg gelijkmatig uitrollen tot 3½ mm dikte.
2 Een vorm bekleden van 16 cm doorsnede en 3 of 4 cm hoog.
3 De frangipane maken door middel van de amandelspijs, citroenrasp, roomboter en ei met de hand goed te mengen.
4 150 gram frangipanevulling in de vorm spuiten. Afbakken op 200°C voor 10 à 12 minuten. Af laten koelen.
5 Meng 75 gram gele room met 75 gram opgeklopte gezoete slagroom.
6 Spuit de room op de taart en beleg met vers fruit.

WIJN EN ZO
Gekoelde Wijnen
WIJN EN ZO

Porte Reffe

"Een avontuur op zich!"

Zo'n drie jaar geleden openden Marthijn Loof en broer Ingmar in Den Haag hun eerste wijnzaak aan de Javastraat in de chique Archipelbuurt. De trendy sfeer van de eerste vestiging van Porte Reffe bleek een groot succes. De zoektocht naar een geschikte locatie voor een tweede zaak deed hen belanden in het 'Haagje van het Zuiden'.

"Onze Haagse winkel ligt midden in een buurt met veel ambassades, dus een zeer internationaal publiek. Mensen van over de hele wereld, die ook wijnen kopen van over de hele wereld. Wat dat betreft is er natuurlijk toch wel een verschil met deze zaak aan de knusse Ginnekenmarkt, al ligt hier het bestedingsniveau ook behoorlijk hoog", vertelt Marthijn die in november 2006 de deuren opende van Porte Reffe. Vreemde naam trouwens. Misschien van een onbekend chateau, of zo? "Nee", zegt Marthijn lachend, "daar zit een heel verhaal aan vast. Aan het eind van de 19e eeuw werd vrijwel de gehele Europese wijnbouw bedreigd door de druifluis die de onderstam van druivenplanten aanvrat. In Europa werd wel zo'n negentig tot vijfennegentig procent van alle planten aangevreten. Het bleek dat Noord-Amerikaanse onderstammen resistent waren tegen de luis, en dus werden die onderstammen ('porte-greffes') geïmporteerd in Europa, werden de Europese planten geënt op die stammen en kon de wijnbouw zich gelukkig herstellen. In studieboeken over vinologie wordt 'porte-greffe verbasterd tot porte reffe (zonder 'g' dus), vandaar".

ONBEKENDE WERELD

Inmiddels krijgt de zaak steeds meer aanloop, het duidelijke effect van mond-tot-mond reclame in het dorpse Ginneken. Dit tot tevredenheid van Marthijn, die onder andere met proeverijen en een kleine zithoek voor de deur tracht nog meer klandizie te trekken. Met volle terrassen gedurende een zonnig weekend is dat geen probleem.

'Porte Reffe, wijn en zo' is niet bepaald een budgetwinkel of een doorsnee wijnzaak met een doorsnee assortiment. Paars, roze en geel kleuren het interieur, op de achterkant klinkt moderne muziek, aan de muren kunst en aan het plafond prachtige Italiaanse kroonluchters van Murano glaskristal. Al die attributen, waaronder ook wijnglazen en serviesgoed, maken deel uit van het 'wijn en zo' en zijn dus te koop. De wijnen staan in gekleurde schappen op planken, het prijsetiketje consequent discreet achterstevoren. Duurste exemplaar: 'La Petite Sibérie' 2004 uit de Roussillon, prijs 210 euro. Goedkoopste

Porte Reffe
Ginnekenmarkt 14, 4835 JC Breda
(076) 561 50 77
Openingstijden:
di t/m vr 12.00 tot 18.00 uur
za 10.00 tot 17.00 uur

Chocoladetaart 12 personen

175 gr bakmeel
175 gr suiker
175 gr boter, zacht
2 eieren
80 gr chocolade, puur
80 ml espresso,
50 gr amandelen
250 gr mascarpone
100 ml room
2 eetl basterdsuiker
3 eetl koffielikeur

1 klop de eieren luchtig met de suiker.
2 Smelt de chocolade en de boter met de koffie. Meng met de eieren.
3 Meng bakmeel en chocolade/eimengsel en gehakte noten.
4 Bak voor 30 minuten in een oven van 170°C, in een vorm van 26 cm doorsnee.
5 Laat de taart afkoelen en klop de room lobbig.
6 Klop de room met de basterdsuiker en likeur, meng met de mascarpone.
7 Bedek er de taart mee.

Tip: schaaf stukken pure chocolade en versier er de taart mee, ook cacaopoeder geeft een mooi resultaat.

Wijnsuggestie: een intens, bessige rode wijn met confituurachtig en weelderige fruitspanning en een prikkelende zoetheid. D.O. Verema Tardana Montsant van Etim.

wijn: 'Forgan' 2005/2006 (wit, rosé, rood) uit de Languedoc, prijs 4 euro. Maar dat zijn beide uitschieters, de gemiddelde prijs ligt ergens tussen de acht en twintig euro, licht Marthijn toe.

NIEUWE WERELD

Met dit alles onderscheidt Porte Reffe zich duidelijk van het groeiend aantal andere wijnzaken in de naaste omgeving. En dan hebben we het nog niet eens over het aparte assortiment aan wijnen dat duidelijk anders is dan dat van de concurrenten in de buurt. "Ik verkoop weinig of geen van de wijnen die gelden als de klassiekers, zoals wijnen uit de Bordeaux, de Bourgogne, de Loire, de Elzas, Rhone, Rioja, of Barolo" licht Marthijn toe. "Zo'n twintig jaar geleden kwamen de wijnen op uit de zogeheten Nieuwe Wereld, landen waar wijnbouw in vergelijking met Europa nog maar kort wordt bedreven. Het aandeel van die (gemiddeld genomen) kwalitatief redelijke wijnen met een goede prijs is op dit moment gestabiliseerd. De belofte ligt nu weer terug in Europa, en dan met name in de minder bekende of vaak ondergewaardeerde landen of gebieden; landen als Portugal en Griekenland, daar worden fantastische wijnen gemaakt van onbekende regionale druivenrassen. Maar let ook op Zuid-Frankrijk, Italië, delen van Spanje en vooral Duitsland. Het zijn allemaal wijnen die ik, via kleinere importeurs, hier in de schappen heb staan. Minder bekende wijnen dus, een avontuur om te drinken. Ik zou zeggen: probeer eens wat anders dan elke keer diezelfde Bordeaux. Avontuurlijk wijn drinken is het motto! Dat wil zeggen, wijnen drinken die met liefde, vakmanschap en moderne technieken zijn gemaakt van authentieke lokale druivenrassen. Nieuwe druivenrassen, nieuwe gebieden, nieuwe bereidingswijzen: dat is het avontuur. Met als rode draad dat we de kwaliteit nimmer uit het oog verliezen".

Runderribstuk

1 steak voor 4 personen, aan één stuk
1 teentje knoflook
1 takje rozemarijn
1 eetl olijfolie
2 eetl olijfolie

1 Bestrooi het vlees met zout en peper, knoflook, rozemarijn en olijfolie. Laat dit 30 minuten marineren.
2 Verhit een grilleerpan en grilleer de ribeye snel om en om. Haal ze dan uit de pan, leg op een ovenschaal en leg ze 20 minuten in de oven op 100°C.
3 Serveer de biefstuk in plakjes met gedroogde oventomaatjes en gegrilde courgette en pesto.

PESTO
bosje basilicum, de blaadjes
2 eetl pistachepitjes
2 teentjes knoflook
150 ml olijfolie
2 eetl geraspte parmezaan

1 Hak, wrijf of maal alle ingrediënten zeer fijn tot een emulsie is ontstaan.
2 Voeg eventueel nog wat meer olijfolie toe.
Breng de pesto op smaak met zout en wat citroensap of balsamico-azijn

OVENTOMAATJES MET RUCOLA
8 tomaatjes in partjes
olijfolie, tijm en knoflook

1 Leg de tomaatjes op aluminiumfolie met peper en zout, olijfolie en takjes tijm met plakjes knoflook.
2 Gaar in de oven op 220°C ca. 10 minuten.
3 Zet ze dan nog op 100°C voor 45 minuten in de oven.

Wijnsuggestie: een volrode sappige, kruidige en vlezige wijn is een spannende sensatie bij dit hoofdgerecht. Côtes du Roussillon Village Terre Brune Domaine Pouderoux.

Caesar kruidensalade

Neem diverse groene tuinkruiden, zoals
100 gr rucola
100 gr waterkers
1 bosje dille
1 bosje basilicum
½ bosje kervel en dragon
½ bosje bieslook
50 gr oude kaas, in plakjes
6 eetl olijfolie
1 eetl witte wijn azijn
2 eetl witte wijn
1 sjalot, in fijne ringetjes
peper en zout
pijnboompitjes

1 Meng in een kom wat basilicum, dille, kervel, bieslook en wat dragon.
2 Meng met de olijfolie, de azijn en de wijn, peper en zout.
3 Pureer dit alles tot een mooie gladde dressing met behulp van de staafmixer.
4 Verdeel de kruiden over de borden en meng met de dressing.
5 Serveer met stukjes oude kaas en sjalot ringetjes.

Tip: Serveer je eigen gemaakte bruschetta erbij door brood te roosteren in de oven en dit in te wrijven met knoflook en tomaat en met olijfolie te besprenkelen.

Wijnsuggestie: een frisse witte wijn met rondeur en ziltigheid, sluiten mooi aan bij dit voorgerecht. D.O. Terras do Sado van Catarina Bacalhôa.

Tarragona
Licht, elegant fruitig
Rond, iets appelig
200cc-2,75
500cc-6,05

Olijven, Kalamata
Per 100 gr. € 1,49

Q-lifris

Een kijkje in de wereldkeuken

Je bent jong en je wilt wat. Van je hobby je beroep maken bijvoorbeeld. En dus begonnen Mascha Besters en Martin Fris zo'n anderhalf jaar geleden een traiteur- annex delicatessenzaak: Q-lifris, een samenvoeging van 'culinair' en de achternaam van Martin, in een knus pand aan de Korte Ploegstraat.

SMAKELIJK EN GEZOND

Gemak, gezondheid en kwaliteit. Met die drie begrippen is eigenlijk de gehele bedrijfsfilosofie van Q-lifris samengevat. "Naast de slaapkamer is de keuken het meest bezochte vertrek in ons huis", zegt een lachende Martin die vrijwel elke dag zo'n tien uur achter de pannen staat. "Ik ben van Surinaamse afkomst en als het ware opgegroeid in de keuken. Als er bij ons thuis ook maar de geringste aanleiding was om iets te vieren, werd er iets lekkers klaar gemaakt. Wij bereiden hier gezonde en smakelijke gerechten die je misschien ook wel zelf zou kunnen maken, maar waar je door gebrek aan tijd niet aan toekomt. Ons menu is zeer gevarieerd, uiteenlopend van de Hollandse pot, tot Italiaans, Frans, Afrikaans, noem maar op. Daarbij is Hollands eten het meest populair. Gegratineerde schotels, kip-kerrie met pasta en ook de curries zijn erg in trek. Elke dag bieden wij drie verschillende gerechten aan die via e-mail en een nieuwsbrief worden verstuurd naar onze vaste klantenkring, die overigens flink groeit".

"Ook kun je in ons winkeltje terecht voor belegde broodjes, salades, maaltijden en wijnen. We hebben een keur aan delicatessen van over de hele wereld zoals champagne, port, truffelproducten, balsamico's, olijfolies, azijnen, olijven en pasta's. Ook verkopen we kazen, dressings, confituren en nog veel meer, zoals chutneys, een smaakmaker uit de Indiase en Pakistaanse keuken, met knoflook of lime en mango, met een pepertje er in", vertelt Martin. Zelfs een reeks aan aparte Australische kruiden, geschikt voor onder andere marinades of dipsauzen, behoort tot het uitgebreide assortiment van Q-lifris. Kortom: de wereld als culinaire inspiratiebron.

KWALITEIT

Breda kent inmiddels meerdere traiteurs. Q-lifris onderscheidt zich daarvan door de dagelijkse wisseling van maaltijden en het geven van wijnsuggesties. "Wij willen graag de klanten aan ons binden door de kwaliteit die we bieden en de huiselijke omgeving waarin we werken", zegt Mascha, die niet uitsluit dat op termijn enige uitbreiding tot de mogelijkheden behoort. In elk geval zal de keuken aan de achterkant van het pand, waar ooit snack-

Q-lifris, traiteur en delicatessen
Korte Ploegstraat 1, 4818 EM Breda
(076) 522 55 91
Openingstijden:
di t/m za 11.00 tot 20.00 uur
qlifris.nl

Forel van de barbecue met venkelboter

4 hele forellen
1 zakje rainforest rub
2 eetl olijfolie
zout en peper

VENKELBOTER
2 theel venkelzaad
125 gr zachte boter
1 eetl peterselie, fijngehakt
2 theel citroensap

1 Was en droog de forellen van binnen en buiten.
2 Snij met scherp mes enkele inkepingen aan elke zijde.
3 Meng de rub, olie en wat zout en peper en wrijf de vis goed in zodat alle smaken in de inkepingen terecht komen. Marineer voor een uurtje.
4 Rooster de venkelzaadjes in een droge pan tot deze gaan ruiken.
5 Laat even afkoelen en wrijf in een vijzel tot een fijn poeder.
6 Vermeng dit met de boter, peterselie, citroensap en wat peper in een blender.
7 Rol op in plasticfolie en zet in de koeling tot gebruik.
8 Bedruppel de forel met wat extra olijfolie en leg ze op een hete barbecue zo'n 3 à 4 minuten aan elke zijde, tot ze gaar zijn.

Serveer de forel met de venkelboter en frisse groene salade.

Wijnsuggestie: Puerto Viejo Chardonnay. Goudgeel met een neus van ananas, mango, vanille, koffie en amandel. De smaak is rond met lange afdronk Huis: Viña Requingua Estate Chili.

bar 'De Kever' was gevestigd, een flinke opknapbeurt ondergaan. Dat heeft allemaal te maken met het succes van Q-lifris, dat inmiddels ook kookt voor bedrijven en grote feesten waarbij zelfs het personeel wordt ingehuurd dat serveert. En natuurlijk draagt de locatie van de zaak, aan de rand van buurten die nu eenmaal niet bekend staan als achterstandswijken (de Zandberg, het Ginneken en het Wagenmakerspark), behoorlijk bij aan het succes.

KONIJNENBOUT

Gezond eten is lekker, meent Mascha. Martin licht toe: "Veel mensen vinden groenten niet echt smakelijk, maar ik durf de uitdaging aan om groenten zo te bereiden dat je het wél lekker vindt. Niet alleen de klassieke groenten, maar bijvoorbeeld ook schorseneren, ramanas (een soort radijs) en postelein". De twee fijnproevers hebben uiteraard ook zo hun eigen specifieke culinaire voorkeuren. Gevraagd naar zijn favoriete gerecht om klaar te maken, hoeft Martin niet lang na te denken: "Konijnenbout. Als je bij dat gerecht het deksel van de pan licht en je ruikt die fantastische geur van tomaat en rozemarijn, dan loopt het water je in de mond. Ben ik ook blij dat het weer goed is gelukt. Mijn favoriete eten is soporopo, een Surinaamse komkommerachtige groente met een bittere smaak. Je haalt de binnenkant eruit, snijdt er schijfjes van die je opbakt en je doet er garnalen of gamba's en een beetje bouillon bij. Dan heb je vrijwel alle smaken bij elkaar en dat is echt verrukkelijk".

Pompoenkaastaart

110 gr biscuits, kruimels
60 gr boter, zacht
1 citroen, sap en rasp van de schil
200 gr pompoen, geroosterd in de oven
80 gr suiker
80 gr mascarpone
mespunt kaneel, gemalen
mespunt nootmuskaat, gemalen
2 eieren
100 ml Griekse yoghurt

1 Meng de zachte boter met de biscuitkruimels en citroenrasp.
2 Vet bavaroisvormpjes in en druk het kruimelmengsel op de bodem en zijkant.
3 Meng de mascarpone, pompoen, suiker, kaneel en nootmuskaat tot een gladde massa.
4 Klop de eieren los en meng met de pompoen.
5 Doe het mengsel in de vormpjes en bak ze in de oven op 170° voor 30 minuten tot het oppervlak stevig is maar aan de binnenkant zacht.
6 Haal de taartjes uit de oven en laat deze in de vorm afkoelen.
7 Serveer de afgekoelde taart met de yoghurt met wat citroensap er doorheen.

Wijnsuggestie: Strogele wijn van de Muscat d'Alexandrie druif, zacht met frisse zuren en goed gebalanceerd van smaak met sterke citrustonen. Slanghoek Vineyards, Hanepoot Jerepigo Zuid Afrika.

Geroosterde lamsschouder met exotisch kruiden

1 lamsschouder, ontbeend en gerijpt door uw slager
2 eetl olijfolie
2 eetl Australian bush tomato rub blend
2 takjes rozemarijn, de naalden fijngehakt
8 gezouten ansjovisfilets, fijngehakt
1 citroen, sap en geraspte schil

Wijnsuggestie: licht robijnrode wijn van de grenache druif met zachte, toegankelijke geur, kruidig en peperig, kersen en pruimen. De geur komt terug in de smaak, met aangenaam fruit, wat frisse zuren, maar ook warm en heerlijk soepel. Domain de Piaugier Les Ramieres Frankrijk.

1 Wrijf de lamsschouder in met de olijfolie en leg deze op een ovenrooster.
2 Meng de bush tomato rub blend, rozemarijn, zeezout, ansjovisfilets, geraspte citroenschil en citroensap in een kom.
3 Masseer het kruidenmengsel goed in het vlees.
4 Leg de lamsschouder op een rooster, plaats deze in de oven.
5 Rooster de schouder op 150°C voor 20 minuten.
6 Draai de oven terug naar 100°C en gaar nog 20-30 minuten. Als de schouder goed gerijpt is door uw slager dan mag ze rustig rosé blijven.

Serveer de lamsschouder met gebakken aardappeltjes en broccoli.

REKLAME
CHINESE NASI
KIP-LOEMPIA'S
4+1 GRATIS
Spekkoek

Poeliershuis Schrauwen
Kottier

Poeliershuis Schrauwen

"De mensen kiezen voor kwaliteit."

Poelier Frijters mag graag vertellen over een smakelijk recept voor parelhoen of een met spekjes doorregen haas. Ook voor catering kunt u bij deze speciaalzaak terecht.

"Op mijn twaalfde ben ik al begonnen. Toen kreeg mijn zus verkering met een poelier uit Wernhout en hielp ik wat mee in hun zaak. Zo ben ik er vanzelf ingerold", vertelt Geert Frijters van Poeliershuis Schrauwen aan de Nieuwe Haagdijk. Die poelier uit Wernhout heette Schrauwen van zijn achternaam. Deze poeliersfamilie breidde vanuit Wernhout, gemeente Zundert, hun winkel uit met vijf filialen in de regio West-Brabant, waarvan twee in Breda. De andere zit in Moerwijk. "Eerst werkte ik als zetbaas, sinds elf jaar als franchisenemer".

Zelf woont de Rijsbergenaar al 22 jaar in Breda. Hier recht boven de zaak, wijst hij met zijn vinger omhoog. Er is veel veranderd in de loop der jaren. "Poeliers die vasthouden aan alleen verkopen van fazanten, hazen en kippen vallen af. Modernisering is een absolute noodzaak. Anders red je het niet".

Het Poeliershuis Schrauwen is met zijn tijd meegegaan en heeft zich ook gespecialiseerd in kant en klaar maaltijden. Het nevenassortiment bestaat uit nasi, bami, mihoen en kipgerechten als ayam pangang, ayam ketjap en ayam bali. Die panklare producten worden voor alle filialen bereid in de centrale keuken in Halsteren. "Die oosterse gerechten zie je bij al onze poeliers in Nederland. Dat is zo gegroeid".

AAN ALLE WENSEN VOLDOEN

Frijters is bovenal poelier. "Wij kunnen alles leveren op gebied van kip, wild en gevogelte en aan alle wensen voldoen." Zo kunnen klanten bij hem terecht voor een smakelijk recept voor parelhoen of een haas die is doorregen en overlegd met spekjes. Mensen kunnen hem vragen hoe ze een marinade moeten bereiden. "Dat vertel ik hen graag. Zeker in de maanden oktober, november en december met de Kerst voor de deur."

Frijters staat midden in het poeliersvak. "Alles is verkrijgbaar op het gebied van wild en gevogelte. En een bestelling kan ik snel leveren, vaak nog dezelfde dag. Dat is het sterke punt van meerdere filialen dicht in de buurt". Sinds kort heeft Frijters ook een eigen website www.geertkip.nl waarop een internetweekaanbieding van 50% korting is te verkrijgen. Tevens vindt u alle info over Schrauwen op www.poelierschrauwen.nl.

Poeliershuis Schrauwen
Nieuwe Haagdijk 34, 4811 TE Breda
(076) 521 70 55
poelierschrauwen.nl
geertkip.nl
Openingstijden: ma t/m vr 08.00 tot 18.00 uur;
za 08.00 tot 17.00 uur.

Thaise kipsaté met sereh

4 kuikenfilets
1 eetl gehakte gember
1 knoflookteen, gehakt
2 eetl rijstazijn
2 eetl Thaise vissaus
1 eetl Thaise groene curry
4 serehstengels
100 ml kokosmelk
1 komkommer
1 citroen, het sap en 1 eetl rasp van de schil
2 eetl sesamolie

1 Bak in de sesamolie de gember en de knoflook. Haal van het vuur.
2 Meng met de azijn en de Thaise vissaus.
3 Snij de filets in blokjes en marineer ze in de saus voor 1 uur.
4 Spies de filet stukjes op de serehstengels en grill ze op de grilplaat of BBQ.
5 Breng de kokosmelk aan de kook en meng met de Thaise groene curry.
6 Snij de komkommer in plakjes en breng op smaak met citroensap en citroenrasp en wat sesamolie en Thaise vissaus.
7 Leg hierop de spiesjes en geeft met de kokossaus.

Wijnsuggestie: Oosterse gerechten hebben veel kruidige, pittige en soms ook wat zoetige smaken. Een wijn die hier goed bij past is een Riesling of een Gewürztraminer. Beiden witte wijnen zijn bijzonder goed te combineren met deze smaken. De bekendste komen uit de Franse Elzas en uit Duitsland.

Voor recepten staan Geert en zijn medewerkers hun klanten graag te woord. "Ook voor catering en partijen kunt u bij ons terecht. Kwaliteit en een gunstige prijs staan bij ons hoog in het vaandel. Mensen kunnen vrijblijvend een offerte voor hun partijtje laten maken. De meeste mensen zijn aangenaam verrast over de prijs waarvoor we kunnen werken".

EEN STUKJE VERTROUWEN BIJ DE KLANTEN

Voor speciale producten weten zijn klanten de poelier altijd te vinden. "Mensen kiezen toch voor kwaliteit", zegt hij. Dat was duidelijk ten tijde van de vogelgriep. "De verkoop van pluimveevlees liep sterk terug in supermarkten, ik heb er geen centje last van gehad. Mensen weten dat het bij ons in orde is. Bij mijn eigen publiek heb ik toch een stukje vertrouwen gekweekt. Dat doet deugd".
Dat eigen publiek komt uit een straal van een kilometer rond de zaak. Dat is onderzocht door een neefje van Frijters, samen met andere leerlingen van een HEAO-school. Dat gaat trouwens ook op voor alle andere filialen van Schrauwen. Frijters wil een meer regionale functie hebben. "Dat moet lukken. Want wij hebben een sterk concept".

Tam konijn in mosterdsaus

1 tam konijn (ca. 1,5 kilo) in delen
2 eetl bloem
1 sjalot, gesnipperd
1 knoflookteen, gehakt
2 blaadjes laurier
250 ml witte wijn
250 ml kalfsfond of sterke bouillon
250 gr champignons
1 eetl grove mosterd
4 eetl boter
peper en zout

1 Wrijf het konijn in met de bloem. Bak ze dan bruin in de boter in een zware ovenschaal.
2 Meng de sjalot, knoflook, laurier en de champignons erbij, bak nog enkele minuten.
3 Blus met de wijn en de bouillon en voeg de mosterd toe.
4 Dek de schaal af en gaar het konijn op 180°C in de oven voor 90 minuten.
5 Kook de saus nog wat in voor het serveren.

Serveer hierbij gekookte aardappelen en boontjes.

Wijnsuggestie: een zachte Pinot Noir (Sancerre, Elzas of Chili) of een jonge Languedoc.
In de zomer: Tavel rosé of witte Côtes de Provence.

Kalkoensaltimbocca met madeirasaus

4 plakjes kalkoenfilet à ca. 80 gr
4 plakjes coppa (of parmaham)
8 blaadjes salie
100 ml witte wijn
1 knoflookteen, geplet
1 eetl sjalot, gesnipperd
100 ml madeira
30 ml brandy
1 eetl boter
2 eetl olijfolie

1 Snij plakjes van de kalkoenfilet.
2 Bestrooi ze met peper en bedek met de coppa en salie, zet dit vast met een prikker.
3 Kook de madeira in met de brandy, sjalot en de knoflookteen tot ⅓.
4 Bak de kalkoenlapjes om en om in de boter en verdeel deze op voorverwarmde borden.
5 Blus de pan met de witte wijn en voeg dan de madeirafond toe.
6 Breng op smaak met nog wat olijfolie.
7 Serveer op wat knolselderij.

KNOLSELDERIJ

150 gr knolselderij, in fijne blokjes
1 knoflookteen, geplet en gehakt
1 eetl boter
1 takje rozemarijn, de naalden

1 Bak de knolselderij lichtjes aan met wat boter.
2 Voeg dan de knoflook en rozemarijn toe, bak even en breng op smaak.

Wijnsuggestie: bij voorkeur Italiaanse wijn, (wit, rosé en een lichte rode wijn is mogelijk, een fruitige Chardonnay uit Californië, Zuid-Afrika of een rode Loirewijn (Saumur-Champigny, Chinon, Bourgueil).

de Spruit

De Spruit groente- en fruitspeciaalzaak

"Groente en fruit is hier een ontdekking."

Dagelijks worden de verse producten in speciaalzaak De Spruit aangevoerd. De keuze is immens en verrassend in deze moderne groentewinkel. Niet voor niets is de uitbater van Speciaalzaak De Spruit uitgeroepen tot beste groenteman van het jaar. Groente en fruit is hier een ontdekking.

Speciaalzaak De Spruit heeft heel wat in huis. De klant kan kiezen uit tien soorten tomaten, drie typen asperges en vier verschillende bloemkolen. Vergeten groenten als pastinaak en schorseneren zijn er te koop. Exotische vruchten als lychees en rambutan zijn bij De Spruit vrijwel jaarrond verkrijgbaar. Sinds kort is er de bimi uit Kenia, een kruising tussen een Chinese kool en broccoli. Niets is te gek. "Alleen de durian uit Indonesië heb ik niet op voorraad, want die vrucht stinkt een uur in de wind. Maar als iemand die bestelt dan kan ik daar wel aankomen, hoor. Geen enkel probleem". Dat zegt Bert Ossenblok, eigenaar van De Spruit in Moerwijk in winkelcentrum Hoge Vucht. Hij zit al bijna veertig jaar in het vak. Samen met zijn vrouw Dirkje runt hij de speciaalzaak.

DE CONSUMENT VERANDERT

"Als jochie van drie turven hoog wist ik al wat ik wilde worden: groenteboer". Hij is inmiddels meer dan dat. Zijn winkel lijkt wel een supermarkt. De groentespecialist levert zijn klanten alles: van soepen tot aan desserts en al wat daar tussen zit. "Je moet met je tijd meegaan. De consument verandert, heeft steeds andere wensen. Daar moet je op inspelen." "Vroeger verkocht ik drie kisten boerenkool per dag, nu verkoop ik drie kilo boerenstamppot, inclusief de bijhorende gehaktballen, spek of worst".
Er is veel vraag naar gemaksproducten, zoals kant en klaarmaaltijden, salades en gesneden groente en fruit. "Meer dan de helft van de omzet komt van spullen die we zelf in de keuken bereiden. De keuken is het kloppend hart van ons bedrijf".

KOOKCURSUSSEN GEVOLGD

Daar zwaait zijn vrouw de scepter met de hulp van een van zijn zes vaste krachten. De keuken gaat al om halfzeven open. "Ik mag daar niet komen, want ik maak teveel rotzooi", grapt hij. Eerlijker gezegd heeft hij gewoon geen tijd om te kokkerellen, hoewel hij dat juist heel graag doet. Hij heeft zelfs kookcursussen gevolgd. Maar hij is te druk met inkopen van verse waar en elke morgen op-

De Spruit Groente en fruitspeciaalzaak
Winkelcentrum Hoge Vucht
Moerwijk 1a, 4826 HN Breda
(076)5713597
desprouit.nl
Openingstijden:
ma t/m vrij 08.00 tot 18.00 uur;
do 20.00 uur; za 08.00 tot 17.00 uur

nieuw de winkel inrichten. "Alles gaat 's avonds in de koeling. De verse waar wordt hierbij strikt gescheiden van de bewerkte producten. Je moet waken voor kruisbesmetting".
Verse sla en tomaten kun je makkelijk een week bewaren, voor gesneden rauwkost en dergelijke is Ossenblok strenger. "Maar we garanderen onze klanten altijd verse producten. We gaan er vanuit dat de klant zijn gekochte spullen ook zelf nog een of twee dagen in de koelkast kan bewaren voordat hij het opeet".

FUNSHOPPERS

Ossenblok trekt ook veel tijd uit voor het contact met zijn klanten. Het liefst heeft hij 'funshoppers'. Dat zijn mensen die wel van een praatje houden en eens lekker willen koken voor bijvoorbeeld vrienden. "Dan vragen ze honderduit over de beste producten voor hun etentje, hoe die te bereiden en het mag wat kosten, want het moet allemaal super". Daarnaast komen er mensen in de winkel die zelf hun spullen pakken, snel afrekenen en binnen een minuut de deur uit zijn. "We hebben een keuzewinkel. De klant kan zelf zijn product pakken of hij kan dat samen met een van ons doen. De uitstraling van het personeel is daarom zeer belangrijk. Ik kan nog zulke goede spullen aanbieden, maar als mijn personeel er met de pet naar gooit, blijven de klanten weg. De mensen in de winkel moeten deskundig, attent en vriendelijk worden geholpen".
Die klanten komen lang niet alleen uit de buurt. Ossenblok heeft eens een test gedaan. Hij vroeg zijn klanten op een landkaart met een speld aan te prikken waar ze wonen. "De meeste komen uit Breda-Noord. Maar er zitten er ook bij uit randgemeenten zoals Teteringen, Terheijden, Prinsenbeek en Bavel. En mensen uit Etten-Leur, Tilburg en Oisterwijk weten ons te vinden. Zelfs komt er speciaal iemand helemaal uit Antwerpen naar onze zaak".

BESTE GROENTEMAN

De Spruit heeft een goede naam opgebouwd. Van a tot z moet alles piekfijn in orde zijn, meent de moderne groenteboer. Kwaliteit en klantvriendelijkheid daar draait het om.
In 2006 werd Ossenblok gekozen tot beste groenteman van Zuidwest Nederland. En hij behaalde een tweede plaats voor heel Nederland. "Dit jaar doen we voor de vierde keer mee. We gaan nu voor de eerste plaats. Ik hoef niet de goedkoopste te zijn, maar wel een van de beste".

Bruschetta met buffelmozzarella

4 stukken grof campagne stokbrood
2 takjes basilicum
4 zongedroogde tomaatjes, in reepjes
3 ovale tomaten
1 eetl kappertjes
2 eetl gehakte zwarte olijven
2 eetl groene olijven, in reepjes
4 eetl olijfolie
1 bol buffelmozzarella

1. Bak de stukken brood bruin in een oven van 200°C voor 11 minuten.
2. Wrijf ze in met een gehalveerde knoflookteen en tomaat, peper en zout.
3. Besprenkel met wat olijfolie.
4. Snij de helft van de basilicum fijn en meng met 3 eetl olijfolie en de reepjes tomaat, gehakte zwarte olijven en fijn gesneden kappertjes.
5. Snij 2 ovale tomaten in kwarten, verwijder de zaadlijsten.
6. Wrijf de zaadlijsten door een bolzeef met behulp van een lepel en vang het sap op.
7. Meng dit sap met de gedroogde tomaat en basilicumsalsa.
8. Verdeel de salsa op de bruschetta en verdeel daarop wat mozzarella.
9. Bestrooi de mozzarella met de groene olijven en tomaat en een takje basilicum.

Paddenstoel uit de oven

4 mooie grote paddenstoelen, zoals erengi, portabella of eekhoorntjesbrood
4 plakken knolselderij, ca. ½ cm dik en 10 cm rond
400 gr gemengde paddenstoelen
4 knoflooktenen, geplet
4 takjes rozemarijn
8 eetl olijfolie
peper en zout

1 Snij de grote paddenstoelen in en vul deze met wat knoflook en rozemarijn.
2 Besprenkel met olijfolie en gaar deze in de oven op 200°C voor 12 minuten. Breng op smaak met peper en zout.
3 Gril de knolselderij om en om met wat olijfolie. Breng op smaak.
4 Bak de paddenstoelen met wat olijfolie.

Serveer de oven paddenstoel op de knolselderij met de gebakken paddenstoelen.

Wijnsuggestie: droge mousserende wijnen, witte Bordeaux- of Bourgognewijnen, droge Roséwijnen kunnen alle goede begeleiders zijn.

Groentefond

2 eetl olijfolie
3 sjalotten, met schil gehalveerd
1 knoflookteen, geplet
1 stuk prei, in stukken
stelen van kruiden
stelen van paddenstoelen
4 eetl bleek- of knolselderij
zaadlijsten van tomaat

1 Verhit een soeppan en bak de sjalot op de snijkant stevig bruin in de olijfolie.
2 Blus met 1,5 liter water en voeg de rest van de ingrediënten toe.
3 Trek een groentefond in ca. 30 minuten.
4 Zeef de fond en breng op smaak met zeezout.

GROENTESOEPJE
Serveer de fond met groente als een soep

12 bospeentjes, met loof en fraai gesneden
1 ovale tomaat, ontzaad in blokjes
100 gr paddenstoelen, hoedjes in plakjes
1 eetl groene kruiden, peterselie, kervel en bieslook
12 kleine peultjes
selderijstukjes

Kies voor de garnering van de fond mooie groenten en blancheer deze even in ruim kokend zout water. De fond is ook een prima basis voor een risotto en sausen.

Tafel van 8

Genieten van de bijzondere dingen van het leven

Verscholen in het Bredase buitengebied ligt een plek waar creativiteit en genieten samenkomen in iets wat Marcel en Nancy Villerius het cre-atelier noemen. Eenmaal binnen lijkt de wereld buiten even stil te staan. De rust en warmte van de plek waar Tafel van 8 huist, is alomvattend.

Onder de noemer 'Food, Fun, Friends' presenteert Tafel van 8 zich als een plek waar je terecht kunt voor kookworkshops én meer. "We hebben hier een bijzondere omgeving gecreëerd, waar mensen zich thuis kunnen voelen." Aan het woord is Marcel Villerius, die samen met zijn vrouw Nancy het woord creatief proberen te herdefiniëren. Achter de rustieke gevel van het huis waar Tafel van 8 gevestigd is, staan een aantal grote tafels, allen met uitzicht op de mooie keuken. Met plaats voor maximaal twintig personen is direct duidelijk dat het hier draait om kwaliteit en beleving, in plaats van massa. "De keuken en die tafels vormen het kloppend hart van Tafel van 8. Onze bedrijfsnaam zegt het al: kwaliteit gaat boven kwantiteit", aldus Nancy.

ONGEDWONGEN

Marcel en Nancy zijn vastberaden de rest van hun leven te genieten en willen zo veel mogelijk mensen een stukje van hun gevoel meegeven. "Het Kookdiner is hier een mooi voorbeeld van. Het is een onderdeel van Tafel van 8 waar we de meeste reserveringen op binnen krijgen. In die workshop draait het om genieten. Tijdens een aperitief worden de verschillende werkzaamheden van de avond verdeeld onder de gasten. Per groepje wordt er door twee of drie personen gewerkt aan een gerecht of een onderdeel van het menu, wat bestaat uit een voorgerecht, een hoofdgerecht en een dessert. Tijdens de workshop wordt op een ongedwongen manier advies en tips over de recepten gegeven." Nancy vult aan: "Marcel en ik doen de begeleiding en zorgen dat de sfeer ongedwongen blijft. In veel workshops zie je al snel haast en routine terugkomen. Wij willen juist alles op maat voor onze gasten. Als iedereen zijn of haar bijdrage heeft geleverd schuift iedereen aan voor een mooi diner, overgoten met heerlijke wijnen."

GRIMEREN

De kookworkshops zijn breed van karakter. Gasten kunnen kiezen uit zaken als De aanschuiftafel, Feng shui cooking, sushi en andere amuses, Indisch koken nieuwe stijl en nog veel meer andere workshops. "Maar we doen meer. Als echte kunstliefhebbers organiseren we eveneens kunstworkshops voor kleine groepjes. We hebben een gezellig atelier, waar, begeleidt door een hapje en een drankje, allerlei kunstuitingen geleerd en uit-

Tafel van 8

Bredestraat 2, 4823 ZA Breda

06-483 36 982, 06-483 78 123

Openingstijden: op basis van reservering

tafelvan8.nl

Zeebaars in zoutkorst

2 zeebaarzen, leeggehaald
takken kruiden
1000 gr sel gris

1 Vul de buikholte van de vis met de kruiden.
2 Strooi wat zout in een schaal en leg daarop de vis, bedek deze dan met de rest van het zout. Gaar de zeebaars in een oven op 180°C in ca. 30 minuten.
3 Verwijder het zout en fileer de vis aan tafel. Serveer met een mooie maar zachte olijfolie of met een truffelsaus.

TRUFFELSAUS:

1 knoflookteen, aan een stuk
1 eetl sjalot, zeer fijn gesnipperd
6 eetl madeira
2 eetl brandy
4 eetl olijfolie
1 eetl truffelcarpaccio

1 Kook de sjalot en knoflook met de madeira en brandy tot de helft in.
2 Meng dan met de olijfolie en truffel carpaccio. Verwijder de knoflook.

Als de korst met het zout niet hard wilt worden bevochtig dan het zout. Gebruik het liefste het zout uit de Gerande, wat van nature niet gebleekt is en al wat vochtiger is.
Gebruikt u zout uit het Middellandse Zee gebied meng dan enkele eetlepels bloem en water of een eiwit door het zout. Verder kunt u ook wat kruiden of specerijen aan het zout toevoegen zoals laurier of gewoonweg peper.

Wijnsuggestie: viognier of witte Côtes du Rhône, Duitse Kabinett of Spätlese trocken, goede witte Graves of lichtere witte Chardonnay's.
Gekoelde rode wijn (Chinon, Bourgueil, Sancerre, Pinot Noir uit de Nieuwe wereld).

gevoerd worden. Een basiscursus grimeren, babybuikkunst of multi-paint: het kan allemaal." Om deze reden noemen de levensgenieters hun Tafel van 8 een cre-atelier. "Je kunt hier op het gebied van eten, koken en kunst alle kanten op. De zaken die het leven echt aangenaam maken komen hier samen."

BUITEN ETEN

Marcel wil op korte termijn een nieuwe serre aan zijn cre-atelier bouwen. "Buiten eten heeft zoveel charme, dat vinden mensen fantastisch. Als het hartje zomer is worden de workshops in onze tuin georganiseerd. De grote barbecue geeft alle mogelijkheden heerlijk te koken. Met een serre kunnen we ook in het voor- en naseizoen buiten genieten. Vandaar dat we dit hoog op het lijstje hebben staan." Hoewel het leven in het buitengebied net wat rustiger lijkt te verlopen, is het bij Tafel van 8 soms ook een drukte van jewelste. "We doen veel moeite voor onze inkoop. Stukjes vlees uitzoeken terwijl ze nog in de wei staan, speciale kruiden en oliën halen: we rijden er heel het land voor door. Dat is intensief, maar je proeft het. Onze gasten staan keer op keer versteld."

Marcels auberginecompôte

AUBERGINE

1 aubergine
200 ml rode port
40 gr geleisuiker

1 Was de aubergine en schil deze met een dunschiller en snij de schil in dunne draadjes van 1 mm.
2 Frituur deze op een temperatuur van 140°C in olijfolie.
3 Laat goed uitlekken op keukenpapier en bestrooi met bosvruchten fruitpeper.
4 Snij het vruchtvlees van de aubergine in dobbelsteentjes.
5 Stoof deze met de suiker en de port op een zacht vuur, na ongeveer 25 minuten zijn de blokjes donkerrood gekleurd.

Wijnsuggestie: een mooie rode port, ruby, tawny Lbv, colheita of vintage.

KAASTERRINE

Kies in elk geval 3 kazen die zich goed laten smaken met de port
Petit Livarot Isigny Sainte-Mère (roodschimmel)
Le carré du Pere Antoine (abdijkaas van koemelk)
Bleu de Gex (blauwschimmelkaas)
400 ml rode port
6 blaadjes gelatine, geweekt in water

1 Verwarm 200 ml port en los hier de goed uitgeknepen gelatine in op.
2 Voeg de rest van de port toe en laat het mengsel afkoelen.
3 Snij van de kaassoorten vierkante plakjes van 1 cm dikte.
4 leg deze soort voor soort in de ingevette terrinevorm telkens met een laagje portgelei ertussen.
5 Zet de terrine in de koelkast om de gelei verder op te laten stijven.

Serveer de terrine met de aubergine en de gefrituurde schil.

Oma's zalmmousse

KROKANTE ZALM

8 rondjes rijstpapier, ca. 10 cm doorsnede
4 plakjes gerookte zalm, rondjes van ca. 8 cm
2 eetl fruitpeper lemon rub
1 eiwit, los geklopt
olijfolie om te bakken

1 Leg de rijstpapier rondjes tussen een schone natte keukendoek, zodat ze week worden.
2 Leg op vier rondjes in het midden de zalm.
3 Smeer de randen van het rijstpapier in met het los geklopte eiwit.
4 Dek nu de zalm af met het andere vel rijstpapier en druk de randen goed aan.
5 Prik met een mes een gaatje in het midden van het pakketje hierdoor kan tijdens het bakken de lucht ontsnappen.
6 Smeer beide zijde van het pakketje in met eiwit en bestrooi deze met wat fruitpeper.
7 Verhit een laagje olijfolie in een pan en bak het pakketje aan beide zijde tot het rijstpapier knapperig is. Laat ze uitlekken op keukenpapier.

ZALMMOUSSE

150 gr rode zalm, uit blik schoon gemaakt
4 eetl ricotta
½ rode paprika, in fijne blokjes
1 eetl bieslook en dragon, fijngesneden
peper en zout
citroensap

1 Meng de zalm met de ricotta en paprika.
2 Breng op smaak met de kruiden, peper en zout en citroensap.
3 Laat ze opstijven in de koelkast en vorm er quenelles van.

Wijnsuggestie: Moezelwijn of Pinot Gris.

Vistrend

eigen keuken
5,75
Vistrend

Vistrend Visspecialiteiten

"Mijn passie is vis, dat wil ik overbrengen."

Verse haring is en blijft de topper voor Vistrend. Maar ook exotische vis is verkrijgbaar, verschillende vissalades en kookzakken voor in de steamer. Eigenaar Geert Jan staat je bij met raad en daad en is pas tevreden als eenieder gelukkig is. "Mijn passie voor vis, die wil ik overbrengen"

Vis is een fantastisch en een veelzijdig product. Mensen gaan het steeds vaker eten, omdat het juist zo gezond is. En de bereiding is gemakkelijker dan die van vlees. "Zeker als het al door ons is voorbereid", lacht visboer Geert Jan Westerhuis van Vistrend in Moerwijk." De meeste mensen komen hier voor een kookadvies. Ze willen iets lekkers maken voor de feestdagen of voor hun bezoek. Wij bereiden de vis in zoverre voor dat de mensen thuis het alleen nog moeten afmaken. Wij doen het voortraject en de klant de verfijning. Dat is toch mooi?"

"Bijzondere vissoorten, zoals zwaardvis, zeeduivel en zeewolf zie je bij ons vaak. Mensen komen in verre landen en raken steeds bekender met exotische vissen. Dan ontstaat daar als vanzelf meer interesse in".

Maar het is onmogelijk alles te presenteren, zegt Westerhuis. "Dan zou je het hele winkelcentrum moeten vullen met visspeciaalzaken. Er zijn veel meer vis- dan vleessoorten".

KLANTVRIENDELIJK

Klantvriendelijkheid is het allerbelangrijkste, meent hij. "Dat kost niks, maar geeft de meeste voldoening. Stel dat je een klant niet goed helpt in de winkel, en hij komt ontevreden thuis, dan heb je niks bereikt. Een van de redenen van ons succes, denk ik, is een stukje passie in het vak en dat communiceren naar de klant".

Die passie kon hij niet genoeg kwijt in zijn vorige bedrijf: een visrestaurant in Den Bosch, met vijftien man personeel. "Daar speelde ik tien jaar lang vooral de manager en was een druk baasje achter de schermen. Dat wilde ik niet meer. Ik wilde rechtsreeks met mijn klanten en met mijn product bezig zijn. Vandaar die overstap naar deze winkel, nu bijna vier jaar geleden".

Samen met zijn vrouw Mirjam leidt hij de zaak. "Lekker rustig zo, met ons tweeën. We zijn helemaal op elkaar afgestemd en hebben maar twee woorden nodig om elkaar te begrijpen. Dat werkt heerlijk".

Vistrend Wereldse Visspecialiteiten
Winkelcentrum De Hoge Vucht
Moerwijk 28, 4826 HN Breda
telefoon (076) 5816898
Openingstijden: ma 12.00 tot 18.00 uur,
di t/m vr 9.00 tot 18.00 uur,
zaterdag 9.00 tot 17.00 uur.
vistrend.nl

Garnalen piri piri

20 garnalen, in de schil opengesneden
2 knoflooktenen fijngehakt
1 rode peper, fijngesneden
150 ml olijfolie

1 Meng alle ingrediënten, marineer voor 10 minuten.
2 Zet dit alles op het vuur en breng rustig tegen de kook aan.
3 Gaar dit dan voor 7 minuten en serveer met brood.

Wijnsuggestie: bij dit pikante gerecht mag een mooie lichtzoete, iets kruidige wijn zoals een Pinot gris uit de Alsace.

"Koopzondagen doen we niet aan mee. De zondag is heilig voor ons, niet vanuit geloofsovertuiging, maar we hebben de zondag voor onszelf gereserveerd. Een stukje *quality time* is belangrijk om te presteren".

KNEEPJES VAN HET VAK

De taakverdeling in de tweemanszaak is duidelijk. Mirjam staat in de winkel en maakt de vissalades. Geert Jan doet de inkoop, kokkerelt in de open keuken en helpt eveneens de klanten. "Soms neem ik ze zelfs mee naar achter en kunnen ze precies zeggen hoe ze iets klaargemaakt willen hebben." De kneepjes van het kookvak heeft hij onder meer geleerd bij Cas Spijkers in Oisterwijk en in het Kurhaus te Scheveningen.
De inkoop en de presentatie in de vitrines hangen nauw samen met de tijd van het jaar. "Als ik met de Kerst of Pasen levende kreeften in mijn winkel leg verkoop ik ze. Maar als ik dat in mei doe dan mag ik ze lekker zelf opeten. Datzelfde geldt voor exclusieve producten als kaviaar en platte oesters. Die verkoop ik vooral bij speciale gelegenheden".

HET WEER

Ook het weer is bepalend voor het assortiment. Als de zon pal boven de hemel staat maakt Geert Jan wel vier soorten spiezen, sardientjes, zalmmoten en gevulde tomaten en champignons voor op de barbecue. Als er een pak sneeuw ligt willen de mensen liever gebakken vis. "Het weer is voor ons erg belangrijk. Ik ga 's avonds nooit slapen voordat ik weet welk weer het morgen wordt".
"We zijn vooral gespecialiseerd in bereide visproducten. Zoals een kookzak gevuld met tongfilet met paprika en zalm, scholfilet met ananas en tonijn of opgerolde kabeljauwfilet met zalm en geblancheerde paksoi. Die buideltjes kun je zo in de steamer zetten, dat houdt de voedingswaarde en de smaak hoog en is gewoon lekker".

Schaal- en schelpdieren vispaella

400 gr visfilet, bijvoorbeeld victoriabaars of schol
500 gr vongele of mosselen (in de schelp)
200 gr garnalen
100 gr krabvlees
200 gr groene aspergepunten of doperwten
100 gr paprika blokjes
1 gesnipperde ui
1 mespunt chilipeper
1 knoflookteen, gehakt
6 eetl olijfolie
250 gr rondkorrel rijst
1 zakje saffraanpoeder
800 ml visfond
150 ml witte wijn

1 Bak in een grote koekenpan de ui, knoflook, asperges en paprika met de olie glazig.
2 Meng met de rijst, peper en de saffraan.
3 Leg er de stukken vis, schaal- en schelpdieren op en giet er de visfond op met een scheut witte wijn.
4 Dek de pan af en laat deze rustig garen in ca. 20 minuten.

Wijnsuggestie: een frisse rosé van met aroma's van rode vruchten en kruiden. Krachtig, elegante en zeer ronde wijn. Vin de pays du Comté Tolosan; Mooi Meisje.

Heilbot met aspergegratin

4 stukken heilbotfilet
12 asperges
200 ml room
50 gr parmezaan

1 Schil de asperge en snij de onderste helft in plakjes.
2 Breng dit samen met de room aan de kook en voeg beetje bij beetje de parmezaan toe, kook in tot een dikke massa.
3 Bedek hiermee de vis en gratineer ze in de oven.
4 Stoom de aspergepunten gaar.
5 Serveer de visgratin op een bedje van de aspergepunten.

Wijnsuggestie: een frisse witte wijn met rondeur zal zich vermaken bij dit gerecht; Pinot Blanc of Chardonnay.

Wijnhuis Oktober

Een zaak van vertrouwen

Als je hem vertelt wat je gaat koken en welke ingrediënten je gebruikt, kan hij het bijna proeven. "Dat is geen gave, maar wel handig als je adviseert over de wijnkeuze. En dan gaat het er niet om wat ik vind, maar wat past bij de klant én het gerecht. Er is dus niet één standaard-advies voor bijvoorbeeld tapas of rood vlees".

"Sterker nog: luisterend naar een klant kan ik bij wijze van spreken een houtgerijpte witte Chardonnay adviseren bij de rosbief. We nemen de klant serieus, luisteren goed naar hem en plaatsen hem op een voetstuk". Hans Vos, eigenaar van Wijnhuis Oktober heeft een passie voor wijn. En een passie voor het adviseren van de klant, zegt de vierde-generatie wijnhandelaar. "Want mijn beroep van 'wijnkooper' – met een ouderwetse dubbele 'o' - is een mensenvak. Bijna iedere klant verlaat onze winkel voorzien van een gedegen advies. Die persoonlijke aandacht en de eerlijke informatie zorgen ervoor dat mijn klanten niet zozeer het idee hebben dat ze iets hebben gekocht, maar dat ze blij naar huis gaan met datgene wat ze hebben. Wijn kopen en verkopen is een zaak van vertrouwen. Je kunt de klant immers maar één keer een onzinverhaal opdissen. Als hier een student komt om vier flesjes wijn te scoren voor een feestje, dan trekken we desgewenst rustig twee flessen open om te proeven. Want die student van nu komt over enkele jaren terug om niet wat zomaar wat flesjes, maar een paar doosjes te kopen. Hij is immers serieus genomen! En dat is belangrijk.

CONCURRENTIE

In 2001 nam Hans het al sinds 1974 bestaande Wijnhuis Oktober over. De zaak stond toen reeds wijd en zijd bekend vanwege de uitstraling en het vakmanschap en daarom werd aan de buitenkant weinig vertimmerd. Achter de schermen werd echter flink gesleuteld aan het assortiment en de marketing, met als gevolg dat de omzet verdubbelde. Dit, ondanks het feit dat er in drie jaar tijd vier wijnzaken bijkwamen. Ongeacht die concurrentie gaat het Vos meer voor de wind dan ooit tevoren. "Gezonde competitie zorgt ervoor dat je wakker blijft en dat klanten kunnen vergelijken met wat je te bieden hebt", zegt Vos, die ooit zijn carrière in de wijn begon in een gerenommeerde Delftse wijnhandel en daarna een zogeheten 'gesloten' wijnhandel dreef via mailings. Wijnhuis Oktober, dat werkt met in totaal vier vaste medewerkers, levert voor het merendeel aan particulieren; de andere

Wijnhuis Oktober
Wilhelminastraat 5a (hoek Baronielaan)
4818 SH Breda
(076) 521 81 25
Openingstijden: di t/m za 09.00 tot 18.00 uur;
do tot 21.00 uur
wijnhuis-oktober.nl

Kwarksoufflétaart

200 gr boter
220 gr suiker
1 theel vanillesuiker
6 eidooiers
4 eiwitten
800 gr magere kwark
100 gr bakmeel

1 Klop de boter luchtig met de suiker.
2 Meng de eidooiers er doorheen.
3 Meng de kwark door en dan het bakmeel.
4 Klop de eiwitten luchtig met 4 eetl suiker en meng dit door het kwarkmengsel.
5 Verdeel de kwark over ingevette vormpjes en bak ze in de oven op 175°C in ca. 45 minuten gaar.

Dazu empfehlen wir unsere
2003 Riesling Auslese.
Zum Wohl und guten Appetit!

Wijnsuggestie: een gerijpte dessertwijn waarvan het karakter een prachtig spel speelt met de frisse, zachte zuren van dit nagerecht. Dom Brial Rivesaltes Ambré.

leveringen gaan naar bedrijven, waaronder een klein deel horeca. Ook zakelijke leveranties zijn een zaak van vertrouwen, weet Vos, want de bestellingen voor dikwijls exotische bestemmingen (tot aan Azië toe) worden vaak in goed vertrouwen gedaan via een relatief anoniem mailbericht.

WINKELTJE

Al streeft Vos niet naar het zetten van trends ("die worden gemaakt in de supermarkt"), hij constateert dat er wel degelijk ontwikkelingen zijn zoals de enorme opkomst van Australische wijnen. Met enige regelmaat trekt hij er op uit om zich persoonlijk op de hoogte te stellen van het laatste nieuws en dus bezocht hij nog niet zo lang geleden het grote continent 'down under'. "Ik was onder meer bij de wijnbouwer Casella in Griffith, in de woestenij, op zo'n vierhonderd kilometer van Sydney. Als je ziet wat daar gebeurt en op welke schaal: dat is echt van een magnitude die zelfs in Frankrijk ondenkbaar is", verhaalt een enthousiaste Vos. "Dat is dus een wijnboer die vijf jaar geleden jaarlijks 300.000 flessen produceerde en dat zijn er nu 300 miljoen! Wat mij betreft een voorbeeld dat kwantiteit niet altijd ten koste hoeft te gaan van kwaliteit", zegt Vos, die desgevraagd aangeeft zelf geen uitbreidingsplannen te hebben. "Wij willen graag een winkeltje blijven. Tachtig procent van de wijnmarkt is in handen van het grootwinkelbedrijf. Iemand die 2,50 euro wil uitgeven voor een fles? Prima, die moet vooral geen 2,60 euro gaan uitgeven. Maar wij zijn er voor de klanten die iets meer willen. Die het niet zozeer gaat om de prijs, maar om beleving en waarde naar z'n geld. En dat kunnen wij bieden".

Kalfsrib van de grill

2 stuks kalfsrib
4 eetl olijfolie
2 takjes tijm
2 takjes salie
1 eetl citroensap

1 Meng de olie, kruiden en citroensap.
2 Marineer hierin het vlees voor één uur.
3 Dep het vlees droog en schoon.
4 Rooster dit op de BBQ om en om bruin.
5 Leg het naast het directe vuur en laat dit rustig nog ca. 10 minuten na garen.
6 Tijdens het nagaren kun je de rib nog eens insmeren met de dressing.
7 Breng op smaak met peper en zout.

Serveer de kalfsrib in plakjes op geblancheerde boontjes en besprenkel met een fraaie balsamico-azijn en wat olijfolie.

Tip: Je kunt de rib ook nagaren in de oven op 100°C.

Wijnsuggestie: een elegante rode wijn met kersenpitaroma wat prachtig combineerd bij dit grillgerecht. Pinot Noir Australië van Stonier.

Oesters op drie wijze

Gebruikt zijn 4 nullen Zeeuwse oesters

OESTERS RAUW

1 Leg een gevouwen doek op het aanrecht.
2 Leg hierin een oester met de platte kant naar boven.
3 Wrik met een oestermes tussen de bovenschelp en onderschelp, precies bij het spitse puntje.
4 Als je mesje goed vastzit, draai deze dan een kwartslag. De schelp gaat nu open.
5 Snij met je mesje langs de binnenkant van de bovenste schelp zodat deze los komt.
6 Snij nu nog de oester los van de onderste schelp en serveer met het vocht in de onderste schelp.

OESTERS MET BALSAMICO

4 oesters
8 druppeltjes 15 jaar oude balsamico
1 eetl fijngesnipperde lente ui

1 Verdeel wat lente ui over een opengemaakte oester.
2 Bedruppel met de balsamico-azijn.

OESTERS MET CHAMPAGNEGRATIN

4 oesters
4 eetl champagne
1 eidooier
1 eetl boter

1 Los de oesters en vang het vocht op.
2 Kook dit in met de champagne tot de helft. Laat iets afkoelen.
3 Klop er de eidooier door en dan de boter. Bedek er de oesters mee.
4 Zet de oesters onder de grill voor ca. 10 minuten.

Wijnsuggestie: Een witte wijn met fijne zuren in combinatie met minerale tonen is een prachtige combi met de ziltigheid van dit gerecht. Weingut Gabel Riesling selection.

Landgoed Wolfslaar

"Puur genieten"

Net buiten de drukte en dagelijkse hectiek van Breda ligt een prachtig landgoed, dat uitnodigend openstaat voor iedereen die houdt van genieten. Tot rust komen in de prachtige natuur van een ecologisch park dat maar liefst 10 hectare meet, of in de prachtige middeleeuwse gebouwen; iedereen vindt hier voldoende mogelijkheden om oprecht te kunnen genieten van de goede dingen des levens. Op het landgoed staan een stijlvol landhuis en een al even bijzonder koetshuis. Het Landhuis is een pleisterplaats voor feestelijke en zakelijke bijeenkomsten, terwijl het Koetshuis onderdak biedt aan het vermaarde Wolfslaar Restaurant. Hedendaagse gastronomie en klassieke sferen gaan hier hand in hand. Puur genieten dus, in een ongedwongen sfeer.

BIJEENKOMEN IN STIJL

Ondanks de rustieke atmosfeer is Landgoed Wolfslaar een plek waar veel gebeurt. Feestelijke gelegenheden als diners, bruiloften en recepties, maar ook de nodige organisaties weten deze sfeervolle locatie te vinden voor symposia en andere zakelijke bijeenkomsten. Klanten en relaties ontvangen in zo'n schitterende ambiance draagt natuurlijk alleen maar bij aan het onderhouden van prima betrekkingen. Als de weergoden gunstig gestemd zijn is het buiten goed toeven, in de romantische decors van de alom aanwezige natuur.

EIGENTIJDS RESTAURANT

In het voormalige Koetshuis is Wolfslaar Restaurant gevestigd: een eigentijds à la carte restaurant dat sinds 2005 bekroond is met een Michelin ster. Op de eerste etage van het restaurant bevinden zich de Salon Privé en de Vide Salon, ideaal voor gezelschappen tot 30 personen. Op het terras kunt u bij mooi weer buiten van uw lunch of diner genieten. Het restaurant staat onder leiding van Edwin Raben, meerdere malen uitgeroepen tot sommelier van het jaar, en Maarten Camps, een kersverse SVH Meesterkok. Zij bieden u een keur aan verfijnde, verrassende gerechten met mediterrane invloeden en wijnen van uitzonderlijke kwaliteit. De bijzondere wijn/spijs adviezen zijn zeker de moeite waard. Goed gastheerschap met oog voor detail staat hier, evenals elders op het Landgoed, hoog in het vaandel.

EEN GOED GESPREK

Vergaderen en netwerken in een besloten omgeving als deze biedt nogal wat extra's. De inspirerende werking van Landgoed Wolfslaar is een positieve bijdrage aan ieder onderhoud. Maar liefst negen smaakvol ingerichte salons zijn uitermate

Landgoed Wolfslaar
Wolfslaardreef 100-102, 4834 SP Breda
(076) 560 80 00
Openingstijden:
ma t/m vr 12.00 tot 14.00 uur en
18.00 tot 22.00 uur, za 18.00 t/m 22.00 uur
wolfslaar.com
zie pag. 141 voor meer informatie

Tartaar van Maas-Rijn-IJssel-rund

TARTAAR

200 gr runderhaas, Maas-Rijn-IJssel-rund
1 theel zachte mosterd (bijv. Limburgse)
1 eetl bieslook, fijngesneden
1 eetl olijfolie extra

1 Snij de runderhaas in plakjes dan in reepjes en deze weer in blokjes.
2 Meng dit in een kom met mosterd, olijfolie, bieslook en met peper en zout uit de molen.

SALADE

100 gr slasoorten, gewassen en gedroogd
4 eetl dressing (⅓ balsamico-azijn, ⅔ olijfolie extra vierge, peper, zout)

GEPOCHEERDE SCHARRELEI

4 stuks eieren, elk ei in een kopje breken.
2 liter water, 50 ml azijn, zout

1 In een smalle hoge pan water aan de kook brengen met azijn en zout.
2 Haal de pan van het vuur en één voor één de eieren in het water laten glijden, doormiddel van twee spatels het eiwit rond de dooier behouden.
3 Vier minuten pocheren en dan voorzichtig in ijswater scheppen en bewaren.
4 Voor het serveren de eieren 3 minuten verwarmen in zout water van 60°C.

CRÈME VAN SJALOTJES

75 gr mayonaise
15 gr crème fraîche
1 sjalot, schoongemaakt

1 De mayonaise vermengen met de crème fraîche.
2 Sjalot met een fijne rasp raspen en het sap mengen met de saus. Op smaak brengen met peper en zout en eventueel wat water.

Wijn- en spijsadvies: Een volle rosé met een weinig fruittonen maar met veel minerale tonen scoort hier het beste. Bijvoorbeeld een rosé van de Pinot Noir.

geschikt voor dergelijke ontmoetingen. Met uitzicht op de perfect onderhouden tuinen op de achtergrond en de gastvrije ontvangst die hoort bij de uitstraling van dit Landgoed, is de basis voor een goed gesprek gelegd. Natuurlijk zijn alle moderne presentatiefaciliteiten ruimschoots voorhanden.

EEN ROMANTISCHE BRUILOFT

De intieme sfeer maakt het Landhuis tevens tot een unieke locatie voor bruiloften. De gemeente Breda biedt de mogelijkheid om in deze romantische omgeving in stijl te trouwen. Het huwelijk wordt in stijl voltrokken in de Grote Salon, die in oude grandeur is hersteld. Een trouwdag moet natuurlijk perfect zijn en het is voor Landgoed Wolfslaar dan ook een uitdaging om ervoor te zorgen dat een bruidspaar inderdaad de dag van hun leven beleeft.

CULINAIRE WORKSHOPS, PROEVERIJEN EN BIJZONDERE MASTERCLASSES

Landgoed Wolfslaar presenteert ook spraak- en smaakmakende workshops en proeverijen op velerlei gebied. Ze vinden plaats onder leiding van onze gerenommeerde meesterkoks, vinologen en sommeliers. Zo is er de kookworkshop *Streekproducten*, waarin u leert hoe u uw dagelijkse menu kunt verrijken met producten van eigen bodem, zoals de Chaamse Pel, Ulvenhoutse asperges of Rijsbergse aardbeien. Er is een workshop rond de *Essentie van smaak*, een interactieve les over basissmaken en smaakfactoren. U verdiept zich onder andere in de vier basissmaken zoet, zuur, zout en bitter. In de *Wolfslaar Wonderfoods* workshop leert u van alles over de relatie tussen voedingsmiddelen en gezondheid. U kunt kiezen uit verschillende thema's: energie, spijsvertering, ontgiften, huid, vitaliteit, geest, immuunsysteem, hart en libido. Ten slotte proeft u tijdens de workshop *De wereld van 'bubbels'* de veelzijdigheid van beroemde bubbelwijnen uit verschillende Europese regio's. Zo maakt u kennis met mooie wijnen als de Moscato d'Asti uit Italië, de Spaanse Cava, of een heerlijke Duitse Sekt.

Steenschol op de grill

2 schollen van ca. 800 gram, gefileerd
½ knolselderij
½ koolraap, schoongemaakt
200 gr hanenkammen (ook wel girolles genoemd)
150 gr boter
2 eetl olijfolie
1 sjalot, gesnipperd
peper en zeezout

DE STEENSCHOL

1 De scholfilets dun instrijken met olijfolie en kort grillen op de grill.
2 Op een met boter bestreken plateau leggen en de filets ook met gesmolten boter instrijken met behulp van een kwastje.
3 Bestrooi met peper en zout en in 4 minuten op 170°C zacht garen in de oven.

HANENKAMMEN

1 Het uiteinde van het steeltje van de hanenkammen eraf snijden.
2 Het afval wassen en bewaren voor de saus.
3 De schoongemaakte hanenkammen kort wassen en droog slingeren.
4 Met 1 eetl olijfolie bakken in een anti-aanbakpan.
5 Na een halve minuut een eetlepel gesnipperde sjalot en een klein klontje boter toevoegen.

Op smaak brengen met zeezout en peper.

KNOLSELDERIJPUREE

1 De knolselderij in stukken in kokend zout water gaar koken.
2 Op een zeef laten uitlekken en heet met 100 gr boter mengen in de blender.

KOOLRAAP

1 De koolraap in plakken snijden van ongeveer 8 mm.
2 Van de plakken weer gelijkmatige reepjes snijden en in zout water met kropkant gaar koken dan met een klontje boter stoven en op smaak brengen.

Wijn- en spijsadvies: Chardonnay, maar dan wel elegant en niet zo heftig en stevig.

Citrussalade met champagnesabayon

LIMOENMOUSSE

175 gr gesmolten witte chocolade
100 gr kwark
50 gr suiker
2 eidooiers
2 eieren
1½ blaadje gelatine, oplossen in 100 ml limoensap
350 ml room, half opgeslagen
2½ limoen, rasp en fijngehakt

1 Eidooiers en eieren witslaan.
2 Suiker koken tot 92° Reamur(stroop) en al kloppend in eimengsel schenken.
3 Koud kloppen tot 45°C en dan mengen met de chocolade.
4 De gelatine uitknijpen en toevoegen.
5 Meng met de kwark en de rasp van limoen
6 Als laatste de room eronder spatellen en op smaak brengen met limoensap.
7 Laat opstijven in de koelkast.

KROKANTE SINAASAPPELKOEKJES

150 gr bloem
150 gr boter, gesmolten
4 sinaasappels
80 ml sap
400 gr suiker
150 gr amandelen, gemalen

1 Sinaasappels raspen en rasp met de suiker mengen.
2 Gemalen amandelen en bloem mengen en langzaam de gesmolten boter en het sinaasappelsap toevoegen. 30 minuten laten rusten in de koeling.
3 Het beslag op bakpapier uitstrijken en bakken in de oven op 190°C in 6-8 minuten. Rol ze direct om een stokje en laat afkoelen.

CHAMPAGNESABAYON

2 eidooiers
50 gr suiker
150 ml champagne
100 ml room, half opgeslagen
½ blaadje gelatine, geweekt in koud water

1 Eidooiers met suiker en champagne opslaan. Voeg de uitgeknepen gelatine toe.
2 Op ijs hangend laten worden en als laatste de room erdoor spatellen.

Wijn- en spijsadvies: Wijn met een mooi zoet maar vooral met finesse en frisheid. De zuren in de wijn moeten dus opvallend zijn. Mineraal, fris-zoet en met veel karakter als Vouvray, Savenières en Côteaux du Layon.

GERECHTENINDEX

VOORGERECHTEN

HOOFDGERECHTEN

NAGERECHTEN

Salon van de Smaak

30 mei t/m 1 juni 2008

Eenmaal per twee jaar, in het begin van de zomer, verrijzen overal op het Landgoed witte tenten en puntige paviljoens. Wolfslaar wordt dan drie dagen omgetoverd in Salon van de Smaak. Informatie en educatie zijn sinds jaar en dag dé speerpunten van Salon van de Smaak. Er zijn masterclasses op gastronomisch en wijngebied, vele proeverijen, kookwedstrijden, culinaire seminars en een informatieve smaak- en boekenmarkt. De beste chefkoks van Nederland komen naar Breda en geven workshops in het kooktheater, waarbij het toegestroomde publiek uiteraard mag meeproeven. De *Smaakacademie* met alle workshops en proeverijen (in 2006 maar liefst 44 verschillende) en het *Smaaktheater* waar de kookdemonstraties plaatsvinden worden druk bezocht. Daarnaast worden er smaaklessen voor kinderen gegeven waarbij zij op jonge leeftijd kennismaken met verschillende basissmaken en smaakfactoren. Enkele andere toppers die niet meer weg te denken zijn in het workshop programma van Salon van de Smaak zijn: Oosterscheldekreeft en Duitse wijn, olijfolieproeverij, kaviaar en champagne en koffie en chocolade.

Meer informatie vindt u op www.salonvandesmaak.com

Van 30 mei t/m 1 juni 2008 vindt de vierde editie van Salon van de Smaak plaats die in het teken staat van gastronomie, life style en wellness. Want wie wil er nou niet gezond leven en toch genieten van al het lekkers dat onze culinaire tradities te bieden hebben?

Lieske Vos

"Ik heb een gigantische drive om mensen te laten inzien hoeveel smaken de wereld kent."

Van alle smaken op de wereld krijgt een gemiddeld mens maar een paar procent in zijn mond.
Als het aan Lieske Vos ligt gaat zij een bijdrage leveren aan de smaakverrijking van de Bredanaars.

Lieske Vos is mede-initiator van Breda Kookt en benaderde een groot aantal Bredase speciaalzaken, die nu gebundeld zijn in dit bijzondere kookboek. "De kleine zelfstandigen in Breda die iets hebben met eten en drinken zijn vrijwel allemaal specialist op hun vakgebied. De bedrijven die in Breda Kookt geportretteerd worden zijn stuk voor stuk geselecteerd op basis van hun kwaliteiten. Bovendien is de spreiding goed: Ginneken, het stadscentrum, Princenhage, Hoge Vucht, allen komen ze naar voren." Aan het woord is Lieske Vos, voorvechtster van de goede smaakbeleving. Dat hierover niet te twisten valt, erkent Lieske voluit. "Maar we missen zoveel. Ik wil daar iets aan doen, op een manier die iedereen zal aanspreken. Genieten, daar draait het om."

SMAAK

Zelf heeft Lieske Vos al een lange geschiedenis in de wijnbranche en restaurantwereld achter de rug. De kennis en evaring die ze opdeed in de restaurants die ze runde, zorgde ervoor dat ze zich ging specialiseren. "Toen mij gevraagd werd om me in te zetten voor "Breda kookt", was ik meteen enthousiast. Ondernemers in deze stad steken echt hun nek uit. Bovendien staan de mensen hier open voor specialiteiten. Vandaar dat veel ondernemers hier hun vleugels durven uit te slaan. We hebben hier prachtige locaties, mooie winkels en een grote groep inwoners die openstaat voor nieuwe dingen. Beter kan niet."

VERANDEREN

Niet alleen is Lieske Vos vaandeldraagster voor de kleine zelfstandige gastronoom, ook zelf vervult ze die rol. "Ik ben vinoloog, heb de Academie voor Gastronomie gevolgd en ben tevens sommelier en docent. Ik combineer dit graag met de ervaring die ik in de afgelopen twintig jaar heb opgedaan. Mensen worden in alles steeds mon-

diger en willen meer uit het leven halen. Die bewustwording leidt tot extra aandacht voor smaak, kwaliteit en beleving van eten en drinken. Niet alleen de omgeving, vooral ook wat mensen eten wordt belangrijker. Ikzelf heb een enorme drive om mijn kennis over te dragen. Vandaar dat ik bij mensen thuis of op bijzondere locaties, gerenommeerde restaurants of op het water wijn/spijs workshops organiseer. Op die manier krijgen de deelnemers informatie over een land en worden er tien tot twaalf wijnen geproefd, waarbij wordt geleerd hoe om te gaan met geuren en smaken die wijnen kunnen hebben. Ook de combinatie tussen de smaak van een wijn en een spijs wordt besproken. Leerzaam en lekker."

RUST

Naast de FineTaste Wijn+Spijs workshops/cursussen biedt Lieske Vos eveneens de mogelijkheid tot varen en culinair genieten. "Ik neem selecte gezelschappen mee aan boord van een jacht, waarmee we naar Het Land van Maas en Waal of naar De Biesbosch varen. Desgewenst verzorg ik een lunch aan boord of een complete wijn/spijsproeverij. Met de boot kan ik een gezelschap het "andere Nederland" laten zien en bijzondere uitstapjes verzorgen. Wat dacht je van restaurant hoppen, zelf een vaarervaring opdoen of vergaderen en brainstormen in alle rust? Wederom staat ook hier genieten centraal. "Maar het is ook leerzaam en dat smaakt meestal naar meer."

Lieske Vos
Vinoloog, Sommeliër & Docent
06-55870655
e-mail vin.vos@planet.nl
culivino.nl

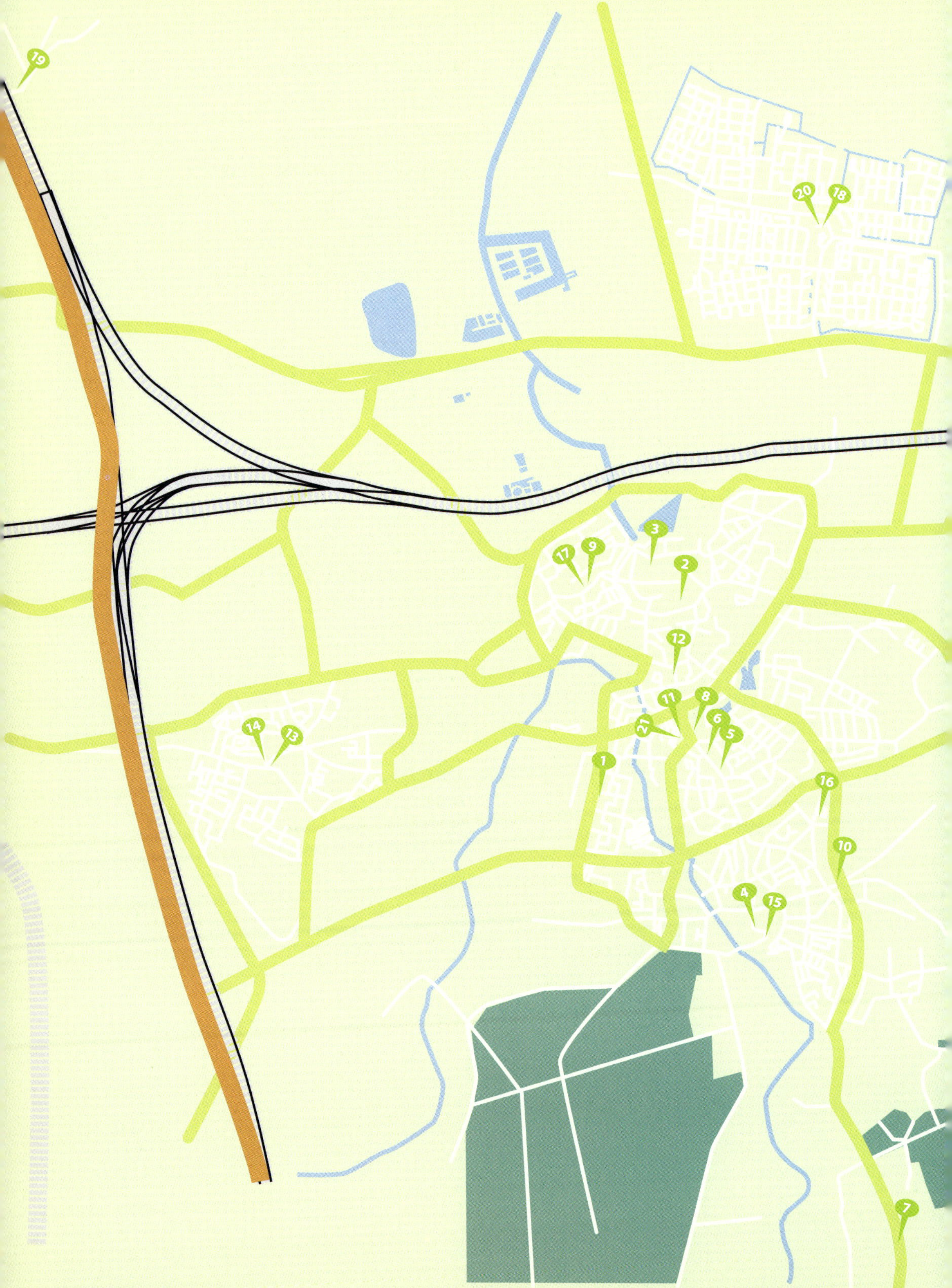
19
20
18
3
17
9
2
12
11
8
21
6
5
14
13
1
16
10
4
15
7

1 ANGGREK TS
Graaf Hendrik III Plein 21-25, 4819 CJ Breda
(076) 515 59 68
RAW Interiors
Verwersstraat 59-73,
5211 HV 's-Hertogenbosch, (073) 850 57 58

2 Restaurant Bukowski
Halstraat 21a, 4811 HV Breda
(076) 529 75 55

3 De Compagnie
Torenstraat 15, 4811 XV Breda
(076) 521 22 44

4 Das Art
Ginnekenweg 352, 4835 NM Breda
(076) 599 19 00

5 Estafette, de biologische eetwinkel
Ginnekenweg 65, 4818 JB Breda
(076) 521 64 17

6 De Groene Weg
Ginnekenweg 1, 4818 JA Breda
(076) 522 87 88

7 Kaatje Jans
Dorpstraat 86, 4851 CN Ulvenhout
(076) 565 54 75

8 KookZaak
Wilhelminastraat 35, 4818 SC Breda
(076) 520 04 44

9 Kottier Echte Bakker
Nieuwe Haagdijk 32, 4811 TE Breda
(076) 521 73 60
Winkelcentrum Tuinzigt, Cypresstraat 9
4814 PN Breda, (076) 530 04 28

10 Maison Moes, slagerij-traiteur
Valkeniersplein 13, 4835 RA Breda
(076) 565 58 15

11 Maré pâtisserie-chocolaterie
Wilhelminastraat 14, 4818 SG Breda
(076) 520 42 04

12 Vishandel Noordzee
Nieuwe Ginnekenstraat 8, 4811 NR Breda
(076) 521 57 77

13 Slagerij Traiteur Nooren
Haagsemarkt 28, 4813 BB Breda
(076) 521 10 40

14 Echte Bakker Pol van den Bogaert
Haagsemarkt 33, 4813 BB Breda
(076) 521 13 40

15 Porte Reffe
Ginnekenmarkt 14, 4835 JC Breda
(076) 561 50 77

16 Q-lifris, traiteur en delicatessen
Korte Ploegstraat 1, 4818 EM Breda
(076) 522 55 91

17 Poeliershuis Schrauwen
Nieuwe Haagdijk 34, 4811 TE Breda
(076) 521 70 55

18 De Spruit Groente en fruitspeciaalzaak
Winkelcentrum Hoge Vucht
Moerwijk 1a, 4826 HN Breda
(076) 571 35 97

19 Tafel van 8
Bredestraat 2, 4823 ZA Breda
06 483 36 982, 06 483 78 123

20 Vistrend Wereldse Visspecialiteiten
Winkelcentrum De Hoge Vucht
Moerwijk 28, 4826 HN Breda
(076) 581 68 98

21 Wijnhuis Oktober
Wilhelminastraat 52 (hoek Baronielaan)
4818 SH Breda
(076) 521 81 25

22 Landgoed Wolfslaar
Wolfslaardreef 100-102, 4834 SP Breda
(076) 560 80 00
Landhuis: doorlopend geopend voor alle partijen
Kantoren Landhuis: ma t/m vr 9.00 t/m 18.00 uur

COLOFON

Breda kookt is een Fun4Publishing productie
naar een idee van Rob Beernink.

IN DEZELFDE REEKS IS REEDS VERSCHENEN
Nijmegen kookt (deel een)
Nijmegen kookt (deel twee)
Arnhem kookt
's-Hertogenbosch kookt
Maastricht kookt
Rotterdam kookt

CULINAIRE REALISATIE
Rob Beernink
ART DIRECTION & FOODSTYLING
Heidi Heijmans-Timmermans
FOODFOTOGRAFIE
Martin van Lokven, martinvanlokven.com
LOCATIEFOTOGRAFIE
Gerlo Beernink, gerlo.nl
REDACTIE
Dennis de Vogt
Paul Hager
Peter de Jaeger
ILLUSTRATIE
Liesbeth Beckers, leesbat.com
DRUKWERK
Thoben Offset Nijmegen
UITGEVER
Fun4Publishing

ISBN 978-90-72817-02-0
1e druk september 2007

www.mijnstadkookt.nl

MET DANK AAN
- Lieske Vos, mede-initiator van dit boek, voor acquisitie van Bredase speciaalzaken en wijnadvies
- Ingrid van Werven voor drukwerkadvies
- David Mulder voor het ter beschikking stellen van servies
- Zus & Zo voor het ter beschikking stellen van keukengerei
- Alle overige ondernemers voor de prettige samenwerking en het leveren van inspirerende ideeën

Het is mogelijk om posters te bestellen van de gerechten in dit boek. Kijk op onze website voor meer informatie of mail naar:
poster@fun4publishing.com
www.mijnstadkookt.nl

MIJN SPECIALE DANK AAN
Het medisch team van het Amphia Ziekenhuis (Lok. M), het revalidatiecentrum en het ambulance personeel.
Zij hebben ervoor gezorgd dat Breda een speciaal plekje heeft gekregen in mijn hart. Heidi